말이 느린 아이
말문을 여는 법

부모의 조급함과 아이의 답답함을 없애는 언어 육아

말이 느린 아이 말문을 여는 법

자동차보다 기차가 왜 좋아?

기차는 더 빠르니까 더 좋아

김혜승 지음

유노 라이프

프롤로그

말문이 트이지 않는 아이, 왜 그럴까?

매년 많은 부모들이 아이가 말이 늦다며 상담실을 찾습니다. 혹시 말이 느렸던 엄마 아빠를 닮아서 말이 느린 것은 아닌지, 우리 아이보다 어린아이는 말을 잘하는데 왜 아직도 단어로만 표현하는지, 혹시 내가 맞벌이라서 아이와 함께하는 시간이 많지 않기 때문인지…. 쉽게 열리지 않는 우리 아이의 말문 때문에 걱정이 많습니다.

언어 치료를 고민하는 엄마에게 "얘, 아빔도 5세까지 말을 못했다"라는 시어머니의 말과 "36개월 전까지는 괜찮아요. 기다려 보세요"라는 맘 카페의 댓글이 위로가 되기도 하지만 그것도 잠시,

우리 아이의 언어 발달과 신체 발달에 무슨 문제가 있는 것은 아닌지 조급해집니다.

또래 아이들은 이미 문장 수준으로 말하기 시작했는데, 내 아이는 아직도 의성어만 말한다거나 말이 느려서 자신의 감정이나 의사표현이 제대로 안 되어서 심리적으로도 문제가 생기는 경우가 많습니다. 또한 코로나19로 마스크를 착용하면서 상대방의 표정을 읽을 수 없고, 미디어 노출 연령이 점점 어려지는 시대를 사는 우리 아이에게 잦은 동영상 노출이 안 좋은 영향을 주는 것은 아닌지 걱정되기도 하지요.

현장에서 아이의 언어 발달로 고민하는 엄마 아빠를 만나며, 아이가 말이 느린 것이 모두 자신의 탓인 것 같아 마음 아파하는 부모를 많이 보았습니다. 꼭 하고 싶은 말은, 절대로 부모의 탓이 아니라는 것입니다. 각 가정마다 처한 환경은 매우 다르고, 저마다 살아가는 모습도 다릅니다. 제가 만난 엄마 아빠들은 모두 아이를 위해 최선을 다하고 있었습니다. 다만 그 방법을 모르거나 잘못된 정보를 접했을 뿐이지요.

지금 우리는 정보가 넘쳐나는 시대를 살고 있습니다. 아이의 발달에 관심이 많은 엄마 아빠는 유튜브와 맘 카페 등에서 손쉽게 정보를 얻을 수 있습니다. 그러나 한편으로는 객관적이지 않거나 확인되지 않은 이야기들을 접하고 괜한 불안과 조바심만 얻는 경우가 많습니다.

중요한 것은 우리 아이가 어떤 어려움에 처했는지 파악하고, 내 아이에 맞는 방법으로 돕는 것입니다. 아이에 대한 객관적인 판단을 할 수 있어야 하지요. 이렇게 이야기하니 막막하게 느껴질 수도 있지만, 결코 거창한 일이 아닙니다. 이 책을 읽고 계신 것부터가 시작입니다.

저는 15년차 언어재활사이자 어린 딸아이를 키우는 워킹맘입니다. 현장에서 오랫동안 말이 트이지 않은 아이들을 치료했고, 딸아이를 언어 자극으로 또박또박 말을 잘하는 아이로 키웠습니다.

그간의 경험을 토대로 이 책에 실생활에서 바로 실천할 수 있는 언어 발달 자극법을 담았습니다. 아이들의 언어 발달에 고민이 많아지는 시대에 잘못 알려져 있는 언어 발달 과정에 대한 오해와 정보를 바로잡고, 내 아이가 지금 어떤 어려움을 겪고 있는지 파악할 수 있도록 정리했습니다. 언어재활사로서, 아이를 키우는 엄마로서 실제 상담 사례와 상담실에서 가장 많이 듣는 질문들까지 아이의 언어와 관련해 부모들이 가장 궁금해 하는 점을 풀었습니다.

1장에서 아이의 언어 발달 단계를 순차적으로 살펴보고, 2장에서 말문이 트이지 않는 아이들의 이유를 알아봅니다. 3장부터 7장까지는 언어 발달 지연을 야기하는 요인으로 미디어와 마스크 착용 등 외부의 영향까지 살펴보고, 아이의 말문을 트이게 하려면 어떻게 해야 하는지 알아봅니다.

  아이들은 저마다 다른 속도로, 보이지 않는 곳에서도 매일 자라고 있습니다. 부모님의 사랑을 느끼고 교감하며 아이가 말할 수 있게 도와주세요. 원하는 것을 표현하지 못해 답답해하는 우리 아이의 말문이 열리고, 사랑하는 부모님과 소통할 수 있게 된다면 아이의 사회성과 자신감까지 성장하는 기회가 될 것입니다. 그 과정에 이 책이 도움이 되기를 바랍니다.

언어재활사

김혜승

• 목차

프롤로그
말문이 트이지 않는 아이, 왜 그럴까? … **004**

1장
"아이의 말, 이렇게 트입니다"

언어 발달 과정

말문이 트이는 시기도 유전될까? … **015**
말이 느린 아이, 몇 개월까지 기다려야 할까? … **022**
언어 발달은 어떻게 이뤄질까? … **029**
0~36개월은 '이해'가 중요한 시기 … **033**
36~72개월은 '표현'이 중요한 시기 … **039**
언어 발달에는 이런 것이 좋아요 1. 상호작용 … **045**

2장
"아이가 말이 늦다면 확인해 보세요"

말이 느린 이유

옹알이가 적으면 언어 발달이 느릴까?　⋯　**051**
알아듣지만, 표현을 못 하는 아이　⋯　**066**
아이의 청력 손실이 의심된다면　⋯　**073**
아이의 생각을 확장시키는 질문법　⋯　**078**
부모의 감정은 아이에게 전달된다　⋯　**083**
아이의 성장 골든타임을 지켜야 하는 이유　⋯　**087**
또래보다 신체 활동은 좋은데 말이 느릴 때　⋯　**091**
언어 발달에는 이런 것이 좋아요 2. 애착　⋯　**096**

3장
"말이 느리면 아이도 엄마도 답답합니다"

말이 느려 생기는 문제

어린이집에서 친구들을 깨물고 때린다면　⋯　**101**
아이가 같은 행동과 말을 반복할 때　⋯　**108**
인지가 발달할수록 표정도 다양해진다　⋯　**114**
아이가 불러도 쳐다보지 않는 이유　⋯　**117**
내 아이가 ADHD일까?　⋯　**121**
아이의 느린 발달은 부모의 탓이 아니다　⋯　**125**
언어 발달에는 이런 것이 좋아요 3. 경험　⋯　**129**

4장
"아이의 말문을 여는 법, 따라 하세요"

말이 트이는 비법

서툴어도 정확한 발음이 중요하다 … 135
아이의 성장 과정에 비밀이 있다 … 143
말할 때 긴장하거나 말을 더듬는다면 … 149
아이가 대화에 즐거움을 느끼게 하는 법 … 159
아이가 준비되었을 때 한글을 시작하라 … 169
성공적인 읽기와 쓰기를 위한 난독증 극복법 … 175
언어 발달에는 이런 것이 좋아요 4. 놀이 … 182

5장
"아이의 말문을 열려면 환경을 바꾸세요"

언어 발달에 미치는 요인

표정 읽는 법을 알아야 말문이 열린다 … 189
집안의 물건 배치부터 바꿔야 한다 … 195
미디어 노출은 언어 발달에 괜찮을까? … 199
내성적이고 말 없는 부모가 미치는 영향 … 207
언어 발달에는 이런 것이 좋아요 5. 책 읽기 … 213

6장
"말 잘하는 아이는 이것이 다릅니다"
언어 발달의 강화

이중 언어를 받아들이는 자세 … **219**
모국어 한국어도 조기 조치가 중요하다 … **227**
빠른 치료가 아이의 말문을 연다 … **237**
내 아이의 상태를 잘 아는 사람은 부모다 … **242**
상호작용과 사회성이 중요하다 … **246**
언어 발달에는 이런 것이 좋아요 6. 특수학교 … **250**

7장
"말이 트이는 말 걸기는 따로 있습니다"
언어 자극 놀이법

언어 자극 놀이법 1_해설자가 되어 주세요 … **257**
언어 자극 놀이법 2_앵무새가 되어 주세요 … **265**
언어 자극 놀이법 3_연극인이 되어 주세요 … **270**
언어 자극 놀이법 4_여행 동반자가 되어 주세요 … **275**
언어 자극 놀이법 5_토론자가 되어 주세요 … **279**
언어 자극 놀이법 6_칭찬해 주세요 … **282**
언어 자극 놀이법 7_아이를 믿어 주세요 … **287**

에필로그
언어재활사로서 15년의 자취를 돌아보며 … **289**

1장

"아이의 말, 이렇게 트입니다"

언어 발달 과정

말문이
트이는 시기도
유전될까?

 아이의 말이 느려서 걱정을 한가득 안고 치료실을 찾는 부모가 늘고 있습니다. 또래 아이들은 이미 문장 수준으로 말하기 시작했는데, 내 아이는 아직도 의성어만 말한다거나 말이 느려서 자신의 감정이나 의사표현이 제대로 안 되어서 심리적으로도 문제가 생기는 경우가 많습니다. 때로는 알고 보니 아이의 귀에 문제가 있어서 정말 치료가 필요한 경우도 있지요.

 상담을 하다 보면, 아이의 말이 느린 원인을 엄마나 아빠에게 찾는 경우가 종종 있습니다. 아이와 함께 치료실을 찾은 미영 씨의 이야기입니다.

미영 씨는 아이가 말이 느린 것이 남편 때문인 것 같다고 했습니다. 미영 씨의 남편은 4세까지 말을 전혀 못하다가 5세가 되어서야 겨우 문장으로 말하였다고 합니다. 미영 씨의 시어머니는 아들의 말이 느리다고 전혀 걱정하지 않았다고 합니다. 그래서인지 손자가 언어 치료를 받는다고 하니 부정적이었고, 미영 씨에게 유난이라는 식의 말로 상처를 주었다고 합니다.

또 다른 사례는 지선 씨의 이야기입니다. 지선 씨는 어렸을 때 말이 느려 친정어머니와 상담도 다녀 보고, 걱정을 많이 샀다고 합니다. 지선 씨의 아이도 말이 느리자, 이번에도 친정어머니가 먼저 감지하고 딸과 사위보다 더 걱정하며 적극적으로 상담을 받아보라고 한 경우도 있습니다.

상담을 하다 보면 아이가 마냥 귀엽고 사랑스러운 조부모는 아이의 발달 지연이나 장애를 인식하거나, 빠른 중재가 필요한 상황이라고 받아들이는 데 시간이 걸리기도 합니다. 기다리면 아이 스스로 잘 발달하리라는 기대감을 갖는 것 같습니다.

그렇기에 상담 초기에 가장 우선으로 부모에게 '가족력'을 질문합니다. 말이 늦게 트이는 여러 요인 가운데, 엄마 아빠 중 말이 느린 사람이 있거나, 친척 중 누군가가 말이 느리거나 장애를 가진 경우가 있으니까요.

유전자는 다양한 정보를 담고 있고, 아직 밝혀지지 않은 사실도 많습니다. 그럼에도 가족력이 있는지 확인하는 이유는 원인을 알기 위해 묻는 것이 아니라, 아이가 언어 발달에 어려운 요인을 가지고 있을지 잠재적 원인을 찾기 위해서입니다.

요즘은 대형 병원에서 장애의 원인을 찾거나 영향을 줄 수 있는 인자가 있는지 유전자 검사를 많이 시행하고 있습니다. 실제로 자폐, 청각 장애, 시각 장애 등 원인이 되는 유전자가 있는 것으로 밝혀졌습니다(모든 원인이 유전자에 있는 것은 아닙니다).

아이가 말이 느린 경우 기다리면 때가 되어서 말이 트인다고 하는데, 단순히 언어만 늦는 것이라면 맞는 말일 수도 있으나 언어 외에 다른 영역에서도 지연이 생길 수도 있기에 마냥 기다리기만 해서는 안 됩니다. 요즘은 더욱 아이에게 제때 적당한 자극을 주는 환경을 만들어 적절한 시기에 말이 트이도록 도와주는 것이 필요합니다.

부모 세대와 달라진 요즘 언어 성장기

지금은 많은 정보가 오가고 빠르게 변하는 시대입니다. 엄마 아빠가 자라던 시절은 사실 대략 30년 전이기 때문에, 지금과는 매우 상황이 다릅니다.

　아이들은 또래생활을 2~3세부터 시작하고 기관에 가서 친구들과 교류합니다. 다양한 체험을 할 수 있는 곳이 많아졌고 그만큼 받아들일 것도 많아졌습니다. 그러면서 기억해야 할 것과, 이야기해야 할 것이 많아졌습니다. 이전 세대 부모보다 요즘 세대의 부모가 아이에게 관심을 더 가져야 하는 이유입니다. 많은 정보를 받아들이고 표현해야 하는 시대에 아이가 말로 표현하지 못할 때, 아이는 누구보다 스스로를 답답해할 것입니다.

　그렇기에 부모는 아이가 잘 크고 있는지, 혹시 문제가 있지는 않는지, 신체 발달이 또래보다 뒤처지는 것은 아닌지, 언어와 인지 능력은 잘 발달하고 있는지 매 순간 확인해야 합니다.

　그러는 와중에 어떤 부모는 자신도 모르게 내 아이를 다른 아이와 비교하기도 하지요. '어? 저 아이는 우리 아이보다 두 달이나 생일이 느린데 저런 말도 하네?'라는 생각을 하면서 '우리 아기가 한 달 후면 저 아이처럼 말을 잘 하려나?'라고 의문을 품기도 합니다. 부모가 내 아이의 발달 과정을 잘 알아야 하는 이유입니다.

　그렇다면 보통의 언어 발달 순서는 어떻게 될까요? 언어 발달 과정을 살펴보면서 내 아이의 위치도 알아봅니다.

먼저 이해해야 말할 수 있다

언어 발달에 대해 알아보려면 먼저 크게 두 가지를 알고 있어야 합니다. 바로 '수용언어'와 '표현언어'입니다. 수용언어는 아이가 이해하고 있는 언어를 말하고, 표현언어는 아이 입으로 말하는 언어를 말합니다. 이 두 가지로 생각했을 때, 아이가 이해하는 수용언어가 발달해야 말로 말할 수 있는 표현언어가 발달합니다. 즉, 먼저 이해해야 말로 내뱉을 수가 있지요. 간혹 수용언어보다 표현언어가 더 발달한 것처럼 평가 결과가 나오는 아이도 있습니다. 하지만 대부분 수용언어가 먼저 발달하고 표현언어가 발달합니다.

만약 우리 아이의 수용언어와 표현언어가 해당 발달 연령에 해당하지 않는다면, 언어 발달에 어려움을 겪고 있는 것은 아닌지 알아봐야 합니다. 특히 36개월 미만 어린아이들은 그 단계를 구분할 때 더 세세하고 자세하게 살펴볼 필요가 있습니다. 12개월까지 습득되어야 할 것이 24개월에 실행되고 있지 않다거나 24개월까지 습득되어야 할 것을 36개월이 되어도 어려워한다면, 당장 전문 기관으로 가야 할 상황일 수 있습니다.

아이의 언어 발달을 제일 손쉽게 점검할 수 있는 방법은 국민건강보험에서 실시하는 영유아 건강검진입니다. 아이를 키우는 부모라면 영유아 검진이 무엇인지 잘 알 것이라 생각합니다. 아이의 발달을 점검하기 위해 소아청소년과를 방문할 때, 부모는 건강보험 홈페이지에서 '한국 영유아 발달선별검사(Korean Developmental Screening Test for Infants & Children; K-DST)' 문답지를 작성해야 합니다.

한국 영유아 발달선별검사는 총 6가지 영역으로 나뉘어 있습니다. 대근육 운동, 소근육 운동, 인지, 언어, 사회성, 자조 기술로 나뉘고 각 영역마다 8가지 문항이 있습니다. 부모는 4개의 보기(잘 할 수 있다 ③, 할 수 있는 편이다 ②, 하지 못하는 편이다 ①, 전혀 할 수 없다 ⓪)로 아이의 발달 상황을 점검하게 됩니다.

이 검사는 아주 간단하지만 우리 아이 발달에 문제의 유무를 선별하는 중요한 질문이 포함되어 있습니다. 영유아 검진에서 심화 평가 권고가 나온다면, 반드시 전문가를 찾아 상담하고 우리 아이의 발달을 세밀하게 검사해야 합니다. 특히 두 돌 전후로 받는 영유아 검진에서 심화 권고를 받았다면 무시해서는 안 될 신호입니다. 물론 아이마다 가진 발달의 속도가 다르지만, 평균적으로 그 개월 수에는 할 수 있는 사항들이 제시되었기 때문에 특히 주의를 기울여야 합니다.

아이의 말문을 여는 법 🔊

아이가 말이 느릴 때, 우선 가족력을 점검하세요. 그리고 아이의 수용언어와 표현언어가 해당 발달 연령에 해당하지 않는다면, 영유아 검진으로 점검해 보세요. 건강보험 홈페이지 접속해 '한국 영유아 발달선별검사' 문답지 작성한 다음, 소아청소년과 방문합니다. 영유아 검진에서 심화 평가 권고가 나왔다면 전문가와 상담해 보시길 추천합니다.

말이 느린 아이,
몇 개월까지
기다려야 할까?

언어재활사로 일하며 가장 많이 받았던 질문 중 하나를 꼽자면 다음과 같습니다.

"36개월 미만인데 기다려도 되나요? 혹은 치료받아야 할까요?"

참 어려운 질문입니다. 제가 학부를 막 졸업했을 당시만 해도 아이가 말을 이해하기 시작하고 36개월 미만이면 치료를 권하지 않는 것이 정설이었습니다. 그러나 일을 하며 한 해가 지날수록 '조기 중재', '조기 개입'이라는 것이 중요시 됐고, 점점 더 어리면 어릴

수록 조기에 개입하는 것이 치료 효과와 예후에 좋다고 인식이 변하게 되었습니다. 요즘은 부모들의 정보력도 좋아지고, 많은 영역에서 조기 선별이 실시되어 영유아 중재에 대한 인식이 많이 바뀌었습니다.

30개월이 된 현이라는 아이가 있었습니다. 평소에 현이는 얌전하고 낯을 많이 가리는 아이였습니다. 그런데 점점 현이는 때때로 물건을 던지며 예민하게 굴었습니다. 현이는 이해는 잘 하는데 표현을 못해 답답해했습니다. 말로 표현하지 못하는 자신의 마음을 물건을 던지는 것으로 대신한 것입니다. 현이는 기다리면 되는 아이가 아니고, 언어 발달 자극이 필요한 아이였습니다.

아이가 스스로 발달하기를 기다리는 6개월과 충분하고 훌륭한 자극을 주며 보내는 6개월은 질적으로 다릅니다. 우리 아이의 인지 능력과 수용언어는 늘고 있는데, 그것을 더욱 빠르게 표현하고 전달하지 못한다면 아이는 많이 힘들 것입니다. 처음에는 문제 행동이 나오지 않더라도 계속된 의사소통에 실패를 경험한다면 아이에게 위에 언급한 행동적인 문제가 생길 수 있습니다.

부모와 아이가 애착을 끈끈하게 형성해 나가야 할 시기에, 서로 힘든 상황이 반복된다면 모두 무척이나 힘겨운 시간을 보내야 하겠지요. 내 아이가 무엇을 원하는지, 또 어떤 부분이 충족되기를 원하고, 어떤 부분이 마음에 들지 않았는지 바로 알아차리고 그것을 해결해서 신뢰와 애착을 잘 형성해야 합니다.

앞에서 말한 영유아 검진에서 아이가 심화 권고를 받았다면, 전문 기관에서 상담을 받아보는 것이 좋겠지요. 그런데 여기서 많은 부모가 갈등을 겪습니다.

'우리 아이는 남자아이라 느린 것 같은데, 아직 36개월이 아닌데 기다리면 되지 않을까? 아직 어려서 제대로 파악을 못해서 심화 권고가 나온 건 아닐까?'

부모들의 머릿속에 많은 생각이 오갈 것입니다. 다음과 같은 경우라면 고민하지 마시고 당장 전문 기관의 도움을 받기를 권합니다.

전문 기관의 도움을 고려해야 하는 경우
- 아이의 표정이 다양하지 않다.
- 부쩍 짜증과 울음이 많다.
- 아이가 물건을 던지거나 깨물거나 때리는 등 폭력적인 행동을 보인다.

- 아이가 눈을 마주치지 못한다.

- 아이가 일관적인 호명 반응을 하지 않는다.

- 두 돌이 지났는데도 돌고래 소리를 낸다.

- 아이가 까치발을 하는 모습이 자주 목격된다.

- 특정한 장난감에만 집중한다.

- 감각적으로 다양하게 예민한 반응을 보인다.

- 이해하는 어휘가 많지 않다.

- 사람에게 관심이 없다.

- 제스처를 쓰지 않는다.

- 위험한 상황을 즐긴다.

- 미디어에 집착을 보인다.

위에 언급한 경우들은 부모가 아니라도 가까운 친지나 지인이 전문 기관의 도움을 조심스레 추천해 줄 수 있는 경우입니다. 그렇다면 더욱 고민이 되는 경우는 무엇일까요? 바로, 아이가 이해는 다 하는데 표현이 늘지 않는 상황입니다. 또한 행동적인 문제가 나오지 않는 경우도 포함될 수 있습니다. 아주 얌전하고 순한 아이, 언어가 늘지 않는 아이도 간과되기 쉽습니다.

첫째 아이와는 달리 둘째가 말이 느린 경우

10년 전, 사회복지관에서 근무할 당시의 일입니다. 28개월 남아인 지호 엄마가 상담을 찾아왔습니다. 그때는 지금처럼 영유아 언어 치료를 적극적으로 하는 분위기가 아니었습니다. 지호 엄마는 큰 아이의 육아를 이미 겪었지만, 첫째 아이와 달리 둘째 지호의 발달 속도가 늦어 많이 답답해했고, 어떻게 대처해야 하는지 어려움을 겪고 있었습니다. 지호 엄마의 고민은 아이가 이해는 하는데, 표현을 어떻게 해야 하는지 모르는 것 같다는 것이었습니다.

지호의 초기 상호작용 및 관찰 평가를 진행 후, 언어 평가를 진행했습니다. 지호의 수용언어는 자신의 나이인 28개월로 나왔지만, 표현언어는 12개월 수준으로 나타났습니다. 수용언어와 표현언어의 차이가 심했기 때문에, 바로 언어 치료를 시작했습니다.

언어 치료 수업에 어머니를 함께 참여시켰고, 시간이 될 때마다 6세 형도 참여하게 했습니다. 주 1회 치료를 진행하였고, 매주 집에서 어떤 언어 자극을 주어야 하는지, 아이가 어려움을 겪고 있는 부분을 하나씩 알려 주며 가정 내에서 충분한 자극을 줄 수 있도록 매번 설명 드렸습니다.

결과는 아주 만족스러웠습니다. 지호는 언어 치료를 시작한 지 3개월 만에 문장으로 표현이 가능하게 되었고, 표현언어가 실생활 연령으로 나타나 치료를 곧바로 종결하게 되었습니다. 지호는 단순 언어지연 아동으로, 양육자가 어떻게 효율적으로 언어 자극을 주느냐에 따라 발달 속도가 크게 달라질 수 있었던 아이였습니다. 아이가 빠르게 발달할 수 있었던 가장 큰 이유는 직접적인 교수보다는 적극적인 부모교육과 상담이었습니다.

과도한 정보 속 내 아이와 맞는 정보를 찾으려면

지호는 전문 기관에서 치료를 받았기 때문에 말문이 열렸을까요? 아닙니다. 발달이 느린 우리 아이에게 가장 큰 도움을 줄 수 있는 사람은 바로 엄마 아빠입니다. 부모는 아이와 가장 밀접한 존재로 언어 발달 역시 부모의 말에서 가장 큰 영향을 받습니다. 그렇기에 아이에게 어떤 도움을 즉각적으로 줄 수 있는지 알아야 하고, 일상생활에서 자연스럽게 발달하도록 도와주어야 합니다. 그러기 위해서는 제대로 알아야 합니다.

요즘은 영상 미디어도 발달하고, 누구나 정보를 제공할 수 있는 만큼 전문성이 확인되지 않은 정보들이 무분별하게 넘쳐나기도 합니다. 부모가 제일 먼저 해야 할 일은 이것저것 검색해 보고, 확인되지 않은 정보나 극단적인 이야기를 접함으로서 공포심을 갖거나 불안한 걱정거리를 얻는 것이 아닙니다.

  우선 내 아이에 대한 객관적인 판단을 내리는 것이 중요합니다. 우리 아이가 정말 또래보다 발달이 느린 것인지, 어떤 부분에서 걱정이 되는지, 주변으로부터 아이에 대한 우려를 받은 적이 있는지 등을 먼저 고려해 보아야 합니다. 객관적인 판단을 내린 이후에 아이가 어려움을 겪는 부분에 대해 찾아보고 알아가야 합니다. 어떤 정보가 좋은 정보인지, 우리 아이에게 맞는 정보인지 판단하는 눈도 길러야 합니다.

  "지금 당장 아이 언어 발달을 공부하세요!"라고 말하는 것 같지만, 지금부터 이 책을 통해 차근차근 알아갈 수 있습니다. 우리 아이가 어떤 어려움을 겪는지, 또 어떤 경우에 전문 기관을 찾아야 하는지 알아 보세요. 쉽고 친절하게 알려드리겠습니다.

아이의 말문을 여는 법 🔊

아이의 언어 발달은 어린 연령과 상관없이 마냥 기다리기만 해서는 안 됩니다. 아이가 적절한 시기에 언어 발달이 일어나지 않으면 다른 영역에서도 어려움을 느끼기 때문에 불편함을 느끼고 있다면 즉각적으로 도움을 주어야 합니다.

언어 발달은
어떻게
이뤄질까?

아이의 언어 발달은 아이가 옹알거리며 발화가 되는 순간부터 일어날까요? 아닙니다. 아이는 엄마의 배 속부터 차근차근 언어 발달을 시작합니다.

임신한 이후 가장 먼저 무엇을 했는지 기억나시나요? 바로 아기 발달 애플리케이션을 내려받고, 해당 주에는 아이가 어떤 발달을 하고 있는지 매일 확인하며 아기가 태어나기를 준비했을 것입니다.

태아는 24주 경 내이(귀의 구조 중 가장 안쪽에 있는 청각 및 평형기관)가 완전히 형성되기 때문에, 아기는 24주 이후부터 들을 수 있습니다. 언어 발달의 첫걸음은 듣기로부터 시작합니다. 그래서 태교의 중요성이 강조되기도 합니다. '태교를 잘해야 아이의 언어 발달에 좋습니다!'라는 말은 아닙니다. 그만큼 언어 발달에 듣기는 가장 중요합니다.

듣기는 매우 강력한 언어 발달 무기입니다. 저는 그동안 많은 청각 장애 아이의 언어 재활을 도왔습니다. 청각 손실을 처음부터 가지고 있었던 아이도, 적절한 시기에 보장구(보청기 및 인공와우)의 도움을 받으면 충분히 구어 발달을 합니다. 구어 발달은 추후 문어 발달에도 강력한 영향을 줍니다.

다음의 표를 보며 0~7세 아이들의 언어 발달 단계를 전반적으로 살펴봅니다.

나이	수용언어	표현언어
0~12 개월	엄마 아빠의 웃음소리에 반응 소리 나는 방향으로 고개 돌림 사람의 목소리에 경청 이름에 반응 '안 돼' 말에 멈춤 제스처 듣고 행동 주변 사물을 인식 간단한 지시 이해	울음으로 요구 표현 웃음으로 기분 표현 다양한 음성 놀이(vocal play) 모음, 자음이 섞인 옹알이 표현 어른의 말소리처럼 모방 음성을 사용하여 요구 노래처럼 흥얼거림 한 개 낱말 혹은 두 개 낱말 표현

12~24 개월	가족 호칭 이해 친숙한 사물 명칭 이해 한 가지 지시 따르기 노래 즐겨 듣기 '예/아니요' 질문 이해 약 300개의 어휘 이해 대화 듣는 것을 좋아함 '무엇'이냐는 질문을 이해	중얼거리는 혼잣말 사물 명칭 표현 두 어절 이상 문장 표현 자기 이름 표현 어른 말 모방 대명사 표현 질문 시 끝을 올리는 억양 사용 '무엇'이라는 질문에 대답
24~36 개월	질문 이해 두 가지 지시 따르기 일상 순서 이해 다양한 형태소 및 문법구조 이해 약 800~900개의 어휘 이해 어른이 아동에게 하는 말 대부분 이해	간단한 질문 표현 과거 시제 표현 네 어절 이상 문장 표현 선택형 질문에 대답 사회적 어휘 사용 문장 표현 시 문법적 오류를 보임
36~48 개월	물건의 기능을 이해 상대적, 반대 개념 이해 세 가지 이상 지시 따르기 '왜/어떻게' 질문 이해 과거와 미래 인식 시간의 순서 이해 약 1,800~2,000개의 어휘 이해 이야기 듣는 것을 즐겨함	부정어 사용 다양한 질문 표현 모든 의문사를 사용함 경험을 순서대로 표현 나이와 성별 표현 다섯 어절 이상 문장 표현 노래 정확히 부르기 대부분의 발화 명료도 증가
48~60 개월	이야기를 이해 길고 복잡한 질문 이해 숫자 세기 및 수량에 대한 이해	일상 단어 정의하기 및 설명하기 완벽한 문법 표현 여섯 어절 이상 문장 표현

48~60 개월	동네, 도시 등 지명 이해 사회적 상황 이해	사회적 문장 표현 자음 정확도 증가 및 명료도 증가
60~72 개월	색, 모양, 수 등 인지적 개념 증가 요일, 날짜 이해 고급 어휘 이해 복잡한 이야기 이해 한글 이해	이야기 다시 말하기(retelling) 어려운 어휘 정의하기 및 설명하기 문법 완성 및 잘못된 문법 수정 성인과 또래와 의사소통을 즐김 복잡하고 구체적인 묘사하기

부모는 아이를 키우며 걱정이 많습니다. 아이의 발달과 성장에 온 관심을 기울이며 괜히 조바심이 들기도 하고, 다른 아이와 비교하며 바라보기도 합니다. '우리 아이가 잘 크고 있는 걸까? 다른 아이들보다 뒤처지는 것이 아닐까?' 하며 맘 카페, 유튜브 등을 찾지요. 앞서 말했듯 엄마 아빠는 아이의 훌륭한 언어 선생님입니다. 이제는 내 아이의 발달에 맞게 공부하고 흔들리지 않는 양육관을 세울 때입니다.

아이의 말문을 여는 법

언어 발달은 아이가 들을 수 있는 순간부터 시작됩니다. 먼저 0~7세 아이들의 연령에 따른 언어 발달 단계를 살펴보고, 우리 아이가 연령에 맞는 수용언어와 표현언어를 표현하고 있는지 확인해 보세요.

0~36개월은
'이해'가
중요한 시기

0~12개월 : 신체적인 격동의 시기

　출생 후 1년은 아이에게 격동의 시기입니다. 신체와 감각이 폭풍처럼 발달을 하지요. 누워만 있던 아기가 목을 가누기 시작하고, 뒤집기와 엎드리기가 가능하고, 배밀이를 할 수 있습니다. 앉기, 잡고, 서기가 가능하고, 첫걸음까지 발달하느라 아기는 무척 바쁩니다. 또한, 세상을 인지하고 소리를 듣고, 가족을 알아가고, 애착을 형성하느라 너무도 바쁜 시기입니다.

　엄마와 아빠를 알게 되고 미소를 짓고, 소리가 나면 어떤 소리인지 관심 있고 궁금한 것투성이입니다. 자신의 이름을 알아 듣고 뒤돌아볼 수 있고, 때로는 "안 돼!" 소리에 눈치를 보고 멈칫하기도 하지요.

짝짜꿍, 도리도리, 잼잼 등 아주 기초적인 상호작용 놀이를 알려 주면 곧잘 따라 하고, "안녕", "뽀뽀", "빠이빠이" 등을 듣고 할 수 있는 행동 제스처가 늘어납니다. 아이는 자신의 모든 기분을 원초적인 방법인 울음으로 표현하다가, 웃음으로도 표현하게 됩니다. 생후 2~3개월경이 되면 옹알이를 시작합니다. 옹알이도 처음에는 모음 소리만 내다가, 자음이 합쳐진 옹알이 형태를 보이지요. 언어표현이 빠른 아이들은 9~10개월경이 되면 의미 있는 낱말을 산출하기도 합니다.

일반적으로는 12개월 전후로 '엄마', '아빠' 등 첫 낱말을 산출합니다. 이 시기의 아이들은 자고 나면 새로운 기술을 습득하지요. 하루하루 폭풍처럼 성장한다는 말이 실감되는 시기입니다.

발달 속도는 아이들마다 다릅니다. 발달하는 영역도 저마다 조금씩 차이가 나기도 합니다. 신체 발달이 많이 일어나면 상대적으로 인지와 언어 발달은 조금 느리게, 인지와 언어 발달이 빠르게 일어나면 신체 발달 면에서는 느리게 발달하기도 합니다. 이는 지극히 자연스럽고 일반적인 일입니다. 그렇지만 이 시기의 아이들이 또래보다 조금 다른 반응을 보인다거나, 반응하는 것에 어려움을 보인다면 조금 더 면밀한 관찰과 적절한 자극을 주는 것이 매우 중요합니다.

12~24개월 : 말의 편리함을 알아차리는 시기

돌이 지나고 나서부터는 아이가 이해할 수 있는 수용언어가 많이 늘어납니다. 누가 우리 가족인지 구분하고, '엄마', '아빠', '누나', '언니', '오빠' 등의 간단한 가족 호칭을 이해할 수 있습니다. 더 나아가 자주 보는 '할머니'와 '할아버지', '이모' 등의 호칭을 이해할 수 있습니다.

"할머니 어디 있어?"라고 물어보면 웃으며 가리키기도 합니다. '물티슈', '기저귀' 등 자신에게 매우 익숙한 사물의 명칭을 잘 이해하여 심부름도 가능합니다. 그래서 엄마가 "기저귀 가져오렴", "휴지 버려" 등의 지시를 하면 따르기가 가능하지요.

이 시기에 부모는 아이에게 동요를 많이 틀어 주는 것이 좋습니다. 노래를 인식하고 노래의 리듬을 인지하고 댄스를 즐기기도 합니다. 좋아하는 것과 싫어하는 것에 대해서 '예, 아니오'로 답할 수 있는 질문을 하면 아이는 고개를 끄덕이거나 때로는 "응", "아니"라고 대답하기도 합니다.

아이는 자신의 이름을 혀 짧은 소리로 귀엽게 말하고, 자신이 알게 된 것을 어떻게든 표현하려고 합니다. 가끔 어른들의 대화를 구경하기 좋아하고 어른처럼 말하려고 흉내 내기도 합니다. 외계어 같은 혼잣말을 늘어놓기도 하며, 대명사의 편리함을 알게 된 이후부터는 모든 사물을 손가락과 '이거'로 표현하기도 합니다.

그러면서 아이는 저절로 알게 됩니다. "아! 내가 말로 표현하면 더 빠르고 쉽구나! 엄마, 아빠의 반응을 더 빨리 끌어낼 수 있구나! 더 좋아하는구나!"라고 유레카를 외치는 시기이기도 합니다. 그렇기에 이 시기에는 부모의 언어 자극은 매우 중요합니다. 언어적으로, 인지적으로 많은 발달이 일어나기 때문입니다. 더불어 엄마 아빠가 제일 힘든 시기이기도 합니다.

아이는 세상을 향한 호기심과 궁금증이 넘쳐나지요. 하지만 원하는 것을 모두 표현할 수는 없고, 신체적으로 따라주지를 않아서 아이가 고집을 많이 피우거나 투정 부리기도 하니 모두가 피곤한 시기라고도 할 수 있습니다.

24~36개월 : 언어 폭발기

24개월부터 36개월까지는 언어 폭발이 일어나는 아주 중요한 시기입니다. 아이의 언어 발달에 지연이 있다면 이 시기에 드러날 확률이 높습니다. 이 시기에 아이는 세상을 향한 호기심이 더욱더 높아집니다. 어른들의 질문을 이해하기 시작하고 대답할 수 있습니다. 간단히 '예, 아니오'라는 질문에 답할 뿐 아니라 여러 의문사 질문에 대답할 수 있게 됩니다.

간단한 심부름에서 두 가지 이상의 지시 따르기가 가능해집니다. 아이는 이제 하루 일과에 대해 익숙해지기 시작합니다. 아침에 눈을 뜨고 일어나면 아침밥을 먹고, 어린이집에 다니는 아이라면 옷을 갈아 입고, 양말을 신고 현관문을 나서고, 엘리베이터나 차를 타고 이동하는 등의 순서를 이해하기 시작합니다. 또 익숙한 길에 대한 이해가 생겨 자주 가는 지형에 대한 이해도가 높아집니다.

24개월의 아기는 두 어절의 문장 정도로 이야기할 수 있다면, 36개월의 아기는 4~5어절 이상의 문장을 사용하기도 합니다. 아이는 선택형 질문에 대답할 수 있고, 자신이 원하는 바를 간단하게나마 언어로 요구하기 시작합니다. '줘, 주세요'는 자신의 요구를 바로 표현할 수 있는 최고의 단어이지요. 아이는 이제 '안녕, 잘 가, 다음에 만나' 등 인사말을 사용하기도 합니다. 사회적인 표현들에 대한 이해의 폭이 넓어지고 스스로 표현할 수 있는 꼬마 언변가로 자라납니다.

0~12개월의 아기들이 신체적으로 격동의 시기를 겪는다면, 이 시기의 아이들은 인지적으로, 언어적으로 폭발적인 변화가 일어나는 시기입니다. 영유아 언어 발달에 있어 요구하기 표현은 원하는 것을 가장 빠르고 편하게 얻을 수 있는 최고의 기술입니다.

> **아이의 말문을 여는 법** 🔊
>
> 0~12개월 : 하루하루 성장하는 신체적인 격동의 시기입니다. 또래와 조금 다른 반응을 보인다면 조금 더 면밀한 관찰과 적절한 자극을 주는 것이 중요합니다.
> 12~24개월 : 이해할 수 있는 수용언어가 많이 늘어나는 시기입니다. 세상을 향한 호기심과 궁금증이 넘쳐나는 시기이므로, 언어 자극이 매우 중요합니다.
> 24~34개월 : 언어 폭발이 일어나고, 언어 발달의 지연이 있다면 이 시기에 드러나는 아주 중요한 때입니다. 인지적으로, 언어적으로 폭발적인 변화가 일어납니다.

36~72개월은 '표현'이 중요한 시기

36~48개월 : 타인에 대한 관심도가 높아지는 시기

36~48개월은 아기 티를 벗어나 어린이의 모습을 갖춰가는 시기입니다. 이제 더 복잡하고 긴 지시어에 따르기가 가능합니다. 장소와 두 가지 이상의 물건을 기억하여 심부름을 수행할 수 있습니다. '아니, 아니야'의 부정문에서 '안~, 못~'의 부정어를 사용하기도 합니다.

언어 발달이 빠른 아이는 이미 36개월 전에 유창하고 긴 문장 표현, 다양한 구문 표현을 구사할 수 있습니다. 하루의 순서뿐만 아니라 시간의 순서와 개념이 생겨나기 시작합니다. 이 시기에 정확한 때와 시간을 나타내는 말을 풍부하게 구사하면 아이는 좀 더 구체적으로 이해하기 시작합니다.

이 시기의 아이들은 끊임없는 질문자가 됩니다. 엄마가 "이제 제발 그만 좀 말해줘"라고 말하고 싶어 할 정도로 수다쟁이가 됩니다. "왜? 왜 그러는데?", "어떻게 해?", "~하면?"라고 끊임없는 질문이 뫼비우스 띠처럼 돌고 돕니다. 질문만으로도 끝나지 않는 도돌이표를 온종일 이어나갈 수 있습니다.

아이는 하루 일과에서 생긴 일을 표현할 수도 있고, 자신이 특별하게 경험한 것에 대해 순서대로 이야기할 수 있게 됩니다. 사실, "어린이집에서 뭐했어?", "유치원에서 뭐 하고 놀았어?"와 같은 질문에는 많은 아이가 구체적으로 대답하지는 않습니다. 정말 이렇다 할 특별한 일이 없을 때도 있겠고, 스스로 재미있어서 이야기를 시작하지 않는 한 아이들에게 흥미를 유발하는 질문이 아니기 때문입니다. 그래서 대답하지 않고 다른 이야기를 하거나, 아주 간단하게 대답하는 등의 행동을 보일 수 있습니다.

이 시기의 아이들은 자신의 나이뿐만 아니라 또래 상대방의 나이를 궁금해 하기도 하고, 먼저 묻기도 합니다. 또한 놀이터에서 만난 낯선 언니나 오빠들, 친구들에게 이야기하기를 좋아할 수도 있습니다. 그만큼 자신의 성별과 나이에 대한 이해, 다른 사람에 대한 관심도가 높아지는 시기입니다.

물론 아이의 성향과 기질, 성격에 따라서 외향적인 행동을 보이는 아이도 있지만, 혼자 조용히 놀기를 좋아하는 아이도 있습니다. 다른 사람에게 말을 거는 자체를 별로 좋아하지 않고 부끄러움을 많이 타는 아이도 있습니다. 어느 성향의 아이라도 모두 보통의 아이이고, 밖에 나가서 다른 사람에게 이야기하지 않는다고 해서 이상한 것은 아닙니다.

또한 이 시기의 아이는 노래 부르기를 매우 좋아합니다. 아는 노래가 많아지고, 가사를 외울 수 있는 노래가 늘어나기 때문에 노래를 흥얼거리고 즐겨 부릅니다. 음정과 박자에 대한 감각도 있어서 제법 멋지게 노래를 부르기도 합니다.

노래는 언어 발달에 빠져서는 안 되는 아주 중요한 요소입니다. 아이들의 노래는 반복적이고, 쉬운 가사와 흉내 내기 좋은 표현이 많이 들어 있어 언어를 이해하는 데 아주 큰 역할을 합니다. 이는 기억력과도 깊은 관련이 있습니다. 아이들이 가사를 외운다는 것은 그 가사를 이해했을 뿐만 아니라 완벽한 문장으로 표현할 수 있다는 증거이기 때문입니다.

48~60개월 : 아이가 세상을 인지하는 시기

자, 이제 아이는 만 4돌이 지났습니다. 짓궂은 장난꾸러기 어린이입니다. 아이가 성장한 만큼 언어도 제법 잘 정돈되어 갑니다. 아이는 긴 이야기를 이해할 수 있고, 완벽한 문법을 구사하며 복문 표현에 스스럼없습니다. 본인이 하고 싶은 말은 또박또박 길게 이야기합니다. 발음도 제법 명료해져 무슨 이야기를 하는지 정확히 알아들을 수 있게 됩니다.

아이는 이제 내가 사는 곳, 우리 동네, 대한민국에 관심을 두기 시작합니다. 지명을 이해하고, 낯선 고유명사도 잘 기억할 수 있습니다. 아이는 다른 사람들이 어떻게 살아가는지, 장소에 따라서는 어떻게 말해야 하는지, 상대방에 따라서 말이 달라질 수 있음을 이해하고 표현할 수 있습니다. 타인과의 교류가 더욱 왕성해지고, 사회적인 상황에 놓이는 경우가 더 자주 일어납니다.

단순했던 감정들이 풍부해지며, 많은 감정어를 이해하고 표현할 수 있습니다. 기분에 대해서 아이들이 '좋아요, 슬퍼요, 화나요, 재미있어요'라고 단순하게 대답하지 않도록 더 자세하고 섬세한 감정어를 언급하는 것이 좋습니다. 그래야 아이가 답답하고, 불편하고, 신기하고, 설레고, 상쾌한지 등 여러 감정 표현을 더 정확하게 표현할 수 있습니다. 더불어 상대방도 어떤 기분이 들었는지 공감하고 이해하는 마음을 느낄 수 있게 됩니다. 물론 도덕적으로는 완전하지 않은 시기입니다. 거짓말을 할 때도 있고, 억지를 부리는 경우도 많습니다. 감정적으로 격동의 시기임은 감안해 주세요.

60~72개월 : 학교 갈 준비를 하는 시기

학교 갈 준비를 하는 예비 초등학생입니다. 이 시기의 아이들은 '고급'과 '상위'라는 표현이 어울리는 많은 성장을 했습니다. 이제는 '고급 어휘'를 구사할 수 있게 되며, 의사소통의 기능들이 조금 더 '상위 기술'로 발전하고, 한글에 대한 학습과 학교 문법을 배울 준비가 되는 단계입니다. 이 시기의 아이들은 이야기를 다시 재구성하여 표현할 수 있습니다. 단순히 읽었던 책을 다시 말하기를 넘어서, 자기 생각을 넣어 표현하기도 합니다.

아이에게 낯선 어려운 단어들을 설명하고, 한자어나 외래어 등도 이해시키고 표현할 수 있습니다. 아이는 상대방이 잘못 이야기한 문장이나, 실수한 표현을 지적할 수 있고, 스스로 고칠 수도 있습니다. 시제와 문법을 틀리면 의미가 완전히 달라짐을 바로 인지하고 수정할 수 있는 능력이 생겨납니다. 이 시기에 '메타인지'라는 능력이 높아지게 됩니다.

메타인지란, 내가 알고 있는 것과 모르고 있는 것을 확실히 판단하고, 그것을 보완하기 위해 끊임없이 많은 전략과 계획을 세우는 능력입니다. 메타인지력이 높으면 높을수록 학습할 수 있는 능력이 높아집니다.

수많은 부모의 이 시기의 고민은, '우리 아이가 학교 갈 준비가 되었는가?', '한글을 완전히 습득할 수 있는가?' 등 학교와 관련된 고민이 많을 것입니다. 한글은 6세 후반에서 7세 후반에 걸쳐 아이마다 저마다의 속도대로 습득할 수 있습니다. 물론 어떤 아이들은 4~5세 경에 이미 한글을 습득하는 경우도 있지만, 보통 7세 중후반에 습득합니다. 매일매일 해도 늘지 않았던 한글을 아이가 7세 중후반부터 하루아침에 익히는 경우도 많이 보셨을 것입니다. 한글은 아이 스스로가 받아들일 준비가 되었을 때 스펀지가 물을 빨아들이듯 쉽게 습득됩니다.

아이의 말문을 여는 법 📢

36~28개월 : 하루 종일 말을 멈추지 않는 끊임없는 질문자가 되는 시기입니다. 언어 발달을 돕는 재미있는 동요를 많이 듣고 따라 부르게 해 주세요.
48~60개월 : 완벽한 문법과 복문 표현이 가능합니다. 사회생활을 하고 타인과 감정적 교류가 일어납니다.
60~72개월 : 고급어휘를 구사할 수 있고 의사소통 기술도 발전합니다. 7세 중후반이 되면 한글을 습득합니다.

언어 발달에는
이런 것이 좋아요

1. 상호작용

상호작용은 아무리 강조해도 지나치지 않습니다. 아이를 절대 혼자 내버려 두지 마세요. "상호작용이 도대체 무엇인가요?"라는 질문을 하는 부모도 있을 것입니다. 언어적 상호작용이든 비언어적 상호작용이든, '아이와 무엇이든 함께 주고받는 것'이 상호작용입니다. 아이의 눈을 바라보고 이야기하고, 장난감을 가지고 서로 주고받고 장난치는 모든 활동이 상호작용에 속합니다.

내가 어떤 행동을 하면 그로 인해 상대방의 반응을 끌어낼 수 있고, 어떤 일의 결과가 됩니다. 상대방의 행동이 나에게 어떤 마음을 불러일으킬 수 있다는 사실이 아주 어릴 때부터 차곡차곡 쌓여 모든 발달의 밑거름이 되는 것이지요. 우리는 이미 아이가 뱃속에 있을 때부터 왕성한 상호작용을 했습니다. 아이가 태동을 시작하면 부모는 더욱더 아기가 가까이 있고 함께 있음을 인지하게 됩니다. 그래서 태담을 많이 하기 시작하지요.

태아는 24주에 청력이 완성됩니다. 태아는 뱃속 양수 소리를 가장 크게 듣겠지만, 양수 소리를 넘어 들려오는 엄마 아빠의 따뜻한 말소리를 느낍니다. 그렇게 뱃속에서부터 우리 아기들은 상호작용에 익숙해하며 세상에 태어나지요. 세상에 태어난 아기는 눈의 초점을 맞출 수 없지만, 그래도 열심히 시야를 확보하려 하고 초점을 맞추려고 합니다. 뿌연 시야지만 그래도 엄마 아빠의 익숙한 목소리를 들으며 안정감을 찾습니다.

아이는 뱃속에서 들었던 백색소음과 유사한 드라이기, 청소기 소리를 들으며 안정감을 찾습니다. 이렇게 아이는 청력으로 부모와 상호작용하고, 환경음과 상호작용합니다. 하지만 이런 상호작용은 아주 일방적이거나 가장 기초적인 상호작용이지요.

아이는 점차 눈을 맞추고 배냇짓을 하며 시선으로 상호작용을 시작합니다. 조금 더 자라서는 옹알이로 상호작용할 수 있고, 목을 가누고 손발을 쭉쭉 뻗으며 몸으로 상호작용하기도 합니다. 앉기 시작하고 물건을 잡기 시작할 때는 우리는 '물건'으로 아이와 상호작용할 수 있습니다. 공을 굴려 주고, 딸랑이를 쥐여 주면 아이는 웃고 재미있어 합니다. 그러다 아이가 자신도 엄마 아빠에게 사물을 건네줄 수 있다는 사실을 인지하면서 비로소 진정한 역동적 상호작용이 시작됩니다. 장난감을 주고받으며 아이는 신이 납니다.

상호작용은 이렇게 비언어적으로 진행되다 아이가 본격적인 낱말을 산출하기 시작하면 언어로 상호작용하기 시작합니다. 상호작용이 잘 되는 아이는 언어와 인지 발달에서 걱정할 것이 없습니다. 비언어적인 상호작용부터 어려움이 있는지, 언어적 상호작용이 시작되었을 때부터 어려움이 있는지 잘 살펴보아야 합니다.

초보 엄마 아빠는 우리 아이의 성장에 대하여 항상 끊임없이 질문을 던지고 있을 것입니다. 우리 아이가 잘 크고 있는지, 내가 잘 키우고 있는지 항상 질문을 던지며 발전하려 하고, 후회하기도 하고, 다시 마음을 다잡기도 합니다. 지금 이 글을 읽고 있는 엄마 아빠는 아이에게 세상 최고의 상호작용 파트너임을 기억하세요.

2장

"아이가 말이 늦다면 확인해 보세요"

말이 느린 이유

옹알이가 적으면
언어 발달이
느릴까?

　옹알이는 언어에서 가장 기초적인 표현입니다. 옹알이 발달에는 여러 단계가 있습니다. 옹알이는 언어 발달을 예측할 수 있는 지표로 생각할 수 있습니다. 옹알이 발달이 눈에 띄지 않고 옹알이 표현 자체가 적다면, 언어 발달에 어려움을 겪을 수 있는 확률이 높아집니다.

　옹알이가 많이 나타나지 않는 경우는 한번 확인해 볼 필요가 있습니다. '왜 우리 아이는 옹알이 표현이 적을까?'라는 질문에 여러 이유가 있겠지만, 기질적이거나 선천적인 장애를 제외한 경우 다음과 같이 생각할 수 있습니다.

옹알이 산출이 적을 수 있는 경우

- 언어 자극이 충분하지 않은 경우
- 상호작용 시간의 결여
- 청각 손실이 있는 경우(선별검사에서 걸러지지 않은 경우)

    아기가 태어나면, 자연스럽게 누구나 엄마 말투(motherese)를 구사하게 됩니다. 조금 더 높은 음도로, 억양을 다양하고 풍부하게 사용하며 간결하고 반복적으로 말하게 됩니다. "아이고~ 오구오구~ 까꿍~"과 같은 감탄사 및 의성어, 의태어를 많이 사용하게 되지요. 이러한 엄마 말투는 아이에게 의사소통과 상호작용을 풍부하게 만들고, 반응을 조금 더 잘할 수 있는 아이로 만듭니다.

    만약 주 양육자가 정서상의 문제로 아이에게 엄마 말투를 구사할 수 없다고 한다면, 이는 곧 아이가 옹알이하며 반응할 기회와 시간이 현저하게 줄어듦을 뜻합니다.

언어 발달의 시작인 옹알이

    옹알이 산출이 풍부하고 억양을 다양하게 쓰는 아기와 옹알이 산출을 거의 하지 않는 아기의 언어 발달은 차이가 있습니다. 그렇지만 옹알이가 적다고 반드시 발달이 느리다고는 말할 수 없습니다. 중요한 것은 옹알이는 언어 발달의 기초가 되고, 옹알이가 많이 산출되려면 엄마 아빠와 많은 상호작용이 일어나야 한다는 것입니다.

옹알이 산출이 많으면 언어 발달의 시작이 잘 이루어지고 있다고 생각할 수 있습니다. 이때 '우리 아이가 옹알이를 했었나? 잘 안 했던 거 같은데 어떡하지?'라고 생각하며 걱정하는 분도 있을 것입니다. 기억이 잘 나지 않으면 어쩔 수 없는 일이고, 정말로 우리 아이가 옹알이가 적었다 하더라도 지나간 시간으로 되돌아갈 수 없습니다. 아이의 옹알이 산출이 적었다면 지금부터라도 아이와 상호작용하는 시간을 늘리는 것이 가장 중요합니다. 상호작용과 충분한 언어 자극이 있다면 발달하지 않을 아이는 없습니다. 아이들은 느리더라도 꾸준히 발달할 수 있고, 그러다가 어느새 폭발적으로 발달할 수도 있는 존재입니다.

상호작용과 언어 자극이 충분함에도 우리가 간과하기 쉬운 부분이 또 있습니다. 바로 '청력 손실'이 있는 경우입니다. 우리나라는 신생아 청각선별검사를 건강보험에서 지원받아 무료로 받을 수 있습니다. 병원에서 태어난 아이라면 반드시 신생아 청각선별검사를 받게 되어 있습니다. 선천적인 청력 손실이 있는 경우 이 선별검사에서 알게 되고, 그런 경우 재검사를 다시 한 번 실시 후 정밀검사를 받을 수 있습니다.

신생아 청각선별검사는 'pass/non pass'로 결과를 받을 수 있는데, 패스했다 하더라도 여러 가지 이유로 이후 청력 손실이 발생할 수 있고, 또 잔존 청력이 있어 걸러지지 못할 때도 있습니다. 아이가 심한 고열에 시달렸다면 특히 청력 손실의 위험이 있을 수 있습니다. 어른도 돌발성 난청이 다양한 이유로 발생하니까요.

청력 손실로 인해 세상의 다양한 소리를 들을 기회가 낮아지고, 엄마 아빠의 애정이 담긴 목소리를 듣는 것이 어려운 경우라면 아이는 자신의 소리를 내기에 어려울 수 있습니다. 여러 가지 이유로 청력 손실이 발생할 수 있다는 것을 꼭 알아 두시길 바랍니다.

언어 자극은 어떻게 해야 할까?

부모는 아이 앞에서는 타고난 언어전문가입니다. 아이가 말을 알아듣기 시작하고 할 수 있는 행동이 늘어나고, 표현이 조금씩 늘어나면 더욱 풍부하게 언어 자극을 해야 합니다. 언어 자극을 충분히 해 주는 몇 가지 방법은 다음과 같습니다.

1) 의성어, 의태어를 많이 사용해 주세요

아기는 세상에 태어난 후부터 모국어에 대한 인식이 생겨납니다. 아주 어린 갓난아기도 모국어 음성을 분별할 수 있습니다. '아, 이게 한국어구나!' 하고 말입니다. 곧 소리에는 뜻이 담겨 있고, 소리는 어떤 행동을 뜻한다는 것을 알게 됩니다. 그래서 아기가 좋아할 만한 소리로 즐겁게 해 주며 노는 일이 매우 중요합니다. 이럴 때 의성어, 의태어가 제격입니다.

우리가 아기에게 들려줄 의성어와 의태어는 정말 많습니다. 기본적인 동물의 울음소리, 자동차의 사이렌 소리, 일상 행동을 표현하는 소리를 많이 들려주면 좋습니다.

의성어와 의태어는 아주 쉽고 재미있습니다. 반복적으로 들려주어도 괜찮습니다. 아이가 재미있어 한다면 무한히 반복해서 들려줄 수 있는 최고의 웃음 무기입니다. 아이는 한번 꽂히면 계속 흉내 내기를 자처합니다. 소리를 따라 하고 흉내를 낸다면 상징 놀이의 발달도 자연스럽게 이뤄집니다.

영유아들에게 의성어와 의태어만큼 절대적인 힘을 가진 낱말은 없을 것입니다. 아주 쉽고 자주 이야기해 줄 수 있는 의성어와 의태어가 무엇이 있는지 살펴보면 다음과 같습니다.

쉽고 재미있는 의성어, 의태어

	의성어, 의태어
동물	멍멍, 꼬끼오, 어흥, 야옹, 꿀꿀, 꽥꽥, 매~, 음매, 따그닥, 악어가~ 꽉!, 끽끽끽(원숭이), 부엉부엉, 짹짹, 맴맴, 구구, 엉~금(거북이), 깡총깡총
탈것	부릉부릉, 부~웅~, 빵빵, 칙칙폭폭, 쉬~잉(비행기), 에~엥(소방차), 삐뽀삐뽀, 윙윙윙(경찰차), 뚜~뚜/푸푸푸(배)
행동	또르르, 쾅, 쿵쿵, 데구루루, 치카치카, 쉬~, 똑똑, 똑딱똑딱, 앗 뜨거!, 꽈당, 잉잉잉, 아야아야, 호~, 쭈~욱

2) 쉬운 말로 이야기해 주세요

아기들에게는 쉬운 말로 이야기하는 것이 중요합니다. 아기의 수준을 벗어난 너무 어려운 말로 이야기하면 아기는 쉽게 이해하기 어렵고, 어른의 말에 집중력이 떨어집니다.

대표적으로 부모가 아이에게 '밥'보다는 '맘마'라고 표현하고, '과자'를 '까까'로 표현하는 것을 생각할 수 있습니다. 그런데 이런 단어는 일정 시간이 지나 아이가 스스로 이해하고 표현하기 시작하면 어른은 다시 본래의 단어로 바꾸어 말해 주어야 합니다. 그래야 아이가 자연스럽게 어휘를 전환할 수 있습니다.

단어를 단순히 쉬운 표현으로 대치해서 말하는 방법도 있지만, 중요한 것은 아이에게 너무 긴 문장으로 이야기하지 않는 것입니다. 아기에게 "화장실 가서 손 씻고 식탁에 앉아서 밥 먹을 거야"라는 한 문장을 한 번에 들려주는 것보다는 행동에 따라 문장을 나눠서 말하는 것이 좋습니다. "화장실 가서 손 씻자"라고 말하고 바로 화장실 가서 손을 닦여 주고, 그다음 식탁으로 향하며 "앉아서 밥 먹자"라고 말하는 것이 아기는 이해하기 더 쉽습니다.

긴 문장을 들려주지 말라고 하는 것은 아니지만, 아이가 언어 발달에 어려움이 있거나, 아직 어린아이에게는 짧은 문장으로 간결하고 정확하게 알려주는 편이 이해를 돕기 위해서 훨씬 나은 방법입니다.

3) 질문만 하지 말고 대답도 알려 주세요

때때로 '아이에게 말을 많이 해 주세요'라고 하면, 어른들은 아이에게 질문을 계속합니다. 계속 질문만 합니다. "이거 뭐야?", "누구야?", "어디야?" 하고 끊임없이 아이에게 확인하려고 하거나, 아이의 말을 많이 이끌기 위해서는 질문을 할 수밖에 없다고 생각합니다. 하지만 중요한 것은 아이에게 질문하고 난 그 이후입니다.

질문했으니 아이가 대답해야 하는데 어른의 생각만큼 아이는 대답을 잘 하려고 하지 않습니다. 이때 우리 어른들이 아이에게 질문하고 어떤 대답이 뒤따라오는지 바로 이야기해 주는 것이 언어 자극에 좋습니다. 즉, 자문자답을 많이 하는 것입니다. 모든 아이에게 해당하는 것은 아니며, 어린 아기나, 질문에 대한 이해를 늘려 주어야 하는 아이, 사용할 수 있는 어휘 목록이 많이 없는 아이에게 효과가 좋습니다.

"이거 뭐지~? 자동차네~ 부웅~빵빵!", "누구야~? 이모다! 이모~", "여기 어디지? 소아과네~"라고 아이에게 질문 형태의 말과 대답 형태의 말, 거기에 더해서 의성어와 의태어까지 알려 준다면 아기 맞춤형으로 잘 갖추어진 문장이 됩니다.

4) 반복적으로 이야기해 주세요

반복만큼 큰 효과를 불러일으키는 것은 없습니다. 학교 다닐 때 복습의 중요성을 강조하였듯, 우리 아기들의 언어 발달에도 반복은 매우 중요하고 강조됩니다. 아이는 많이 들으면 들을수록, 듣기가 반복될수록 습득할 기회가 많습니다. 반복을 많이 하면 하루에 듣는 기회가 당연히 늘어날 것입니다.

되도록 아기에게 '자연스러운 상황'에서 많이 반복해 주세요. 단순히 기계적으로 많이 반복해서 들려주는 것과 상황에 맞게 자연스럽게 들려주는 것은 엄청난 차이가 있습니다. 아이의 발달에 중요한 핵심은 '우연 학습'에 있기 때문입니다.

우연 학습이란, 아이가 우연한 상황 속에서 자연스럽게 습득하는 것을 말합니다. 우연 학습이 많이 일어나려면, 아이를 둘러싼 환경에서 적절한 시기에 맞게 즉각적인 자극과 반응을 많이 해 주어야 합니다. 그래야 아이가 스스로 '어? 이거 들어봤는데? 어! 아~ 이 상황에서는 이렇게 하는구나!' 하고 학습할 수 있기 때문입니다. 아이들의 우연 학습은 생각하는 것 이상으로 빠르고 정확하게 증폭하며 일어납니다. 그렇기에 부모가 자연스러운 상황에서 말을 많이, 반복해 주는 것이 중요합니다.

5) 아이가 해야 할 말을 정확하게 알려 주세요

아이가 원하는 것이 무엇인지, 어떻게 어른에게 요구해야 하는지 정확하게 알려 주는 것이 중요합니다. 이런 상황에서 어떤 말로 아이가 표현해야 어른이 즉각적으로 알아들을 수 있는지 아이의 관점에서, 아이가 할 말을 알려 주어야 합니다.

만약 아이가 장난감 뚜껑을 열려고 안간힘을 쓰고 있습니다. 하다가 짜증을 낼 수도 있고 안 된다고 엄마에게 넘겨줄 수도 있습니다. 그럴 때는 말없이 그냥 열어 주기보다는 "열고 싶어? 열고 싶구나! 열어 줘~","열어~줘~" 하고 다시 반복해서 이야기하며 아이가 직접 해야 했던 말이라는 것을 알려 줍니다. 아이의 상황에 따라 '열어줘'라는 표현을 듣고 엄마가 열어줄 수도 있고, 아이가 해야 할 말을 알려 주고 바로 뚜껑을 열어줄 수 있습니다. 또는 뚜껑을 반쯤 열고 다시 아이에게 주며 "열어줘~"라고 말하고, 아이가 성공하면 칭찬합니다.

말할 수 있는데 어떻게 말해야 할지 모르거나, 너무 장황하게 이야기를 하는 경우라도 아이가 할 말을 알려 주는 것이 도움이 될 수 있습니다. 단, 아이의 말을 끝까지 듣고 어떻게 이야기할지 말해 주어야 합니다. 아이의 표현이 끝나지도 않은 채 아이가 할 말을 낚아채듯 이야기하면 아이는 실패감을 느끼거나, 당황스러움을 느낄 수도 있습니다. 특히나 말을 유창하게 하기 어려워하는 유아들에게는 더욱더 기다려 주는 것이 중요합니다.

6) 아이의 표현에 살을 붙여 주세요

아이가 문장으로 표현했을 때, 어른은 문법과 의미, 문장의 길이를 덧붙여 조금 더 정보를 넣어 아이의 말을 확장해 주어야 합니다. 아이가 "우유 좋아"라고 말했다면, "하얀 우유 좋아"라고 색깔의 정보를 더 넣어 말해 주거나, "엄마 책"이라고 말했다면, "책 보고 싶어요", "책을 봐요"라고 완전한 문장으로 이야기해 줍니다. 말을 조금 더 표현할 수 있는 단계의 아이가 "우리 손 씻자"라고 말했다면 "우리 화장실 가서 깨끗하게 손 씻자"라고 알려 주면 됩니다.

앞에서는 아이에게 너무 긴 문장을 사용하지 말고 여러 문장으로 나누어 표현해 달라고 했습니다. 지금은 단문을 복문으로 바꾸어 표현했습니다. 둘의 차이점은 무엇일까요? 바로 '아이가 말을 할 수 있는 아이였느냐', '스스로 표현을 할 수 있는 아이였느냐'의 차이입니다. 말을 하지 못하는 영아에게 지나치게 긴 문장을 사용하는 것은 아이에게 어려움만 가중할 수 있으나, 스스로 표현하기 시작한 아이에게는 지금 말하는 수준보다 조금 더 길거나 복잡한 문장을 들려주는 것이 도움이 됩니다.

7) 아이가 하는 행동을 말로 표현해 주세요

이 말은 '아이가 해야 할 말을 정확하게 알려 주세요'와 같은 맥락으로 보일 것입니다. 그러나 아이가 하는 행동을 말로 표현해 달라는 것은 그야말로 아이가 하는 '행동'에 대한 언급입니다. 아이가 신발을 신으면 "신발을 신어요"라고 옆에서 이야기해 주어야 합니다. 아이가 책을 보면 "우리 ○○ 책 보고 있네. 책 넘겼어~"라고 말해 주고, 문을 열면 "문 열어" 등 아이가 하는 행동을 그대로 읊어 주는 것이 중요합니다.

아이가 무엇을 하고 있는지 보호자가 곁에서 알려 주며 언어 자극을 풍부하게 해 준다면 앞서 언급한 우연 학습이 일어납니다. 아이가 듣고 있지 않더라도 옆에서 충분한 자극을 많이 주어야 하는 이유입니다.

8) 아이가 스스로 선택하게 하세요

아이와 지내다 보면 아이가 요구하지 않거나 선택하지 않아도 어른이 먼저 다 해 주는 경우가 있습니다. 아이가 먹을 때나, 장난감, 책 등으로 놀거나 시간을 보낼 때는 스스로 선택하게 해야 합니다. 아이가 직접 요구하며 놀아야 합니다. 그러기 위해서는 아이에게 어떤 것이 더 좋을지 물어보는 습관을 들여야 합니다.

간식을 먹을 때도, 냉장고에 바나나와 사과가 있다면 "사과 먹을까? 바나나 먹을까?"라고 질문하고 기다립니다. 아이가 질문을 듣고 생각하여 자신이 원하는 것을 선택할 기회를 주어야 합니다. 그냥 냉장고 문을 열고 바나나를 먹자며 주는 것보다 아이에게 생각할 기회를 주고 아이가 더 원하는 것을 들어주도록 합니다.

이때 주의해야 할 것이 있습니다. 아이가 반드시 해야 하는 것들에 대해서는 질문하지 않는 것입니다. 만약, 목욕해야 할 상황인데, 목욕을 좋아하지 않는 아이라면 "우리 목욕할까?" 또는 "목욕할까? 치카할까?"라고 물어본다면 아이는 어떤 것도 선택하지 않거나 "싫어"라는 거부의 대답만 나올 수 있습니다. 아이가 일과 중 반드시 해야 할 행동이라면 묻지 않고 "~하자", "~해야 해", "~할 거야"라는 표현을 사용하세요. 그렇지 않으면 육아 전쟁의 서막이 시작됩니다.

9) 다양한 어휘를 말해 주세요

아이에게는 다양하고 많은 어휘를 사용해야 합니다. 어린아이에게 언어를 가르쳐주고 싶을 때 우리는 명사 어휘만 강조하거나 반복하는 경우가 많습니다. 그런데 아이에게 서술부인 동사나 형용사들을 많이 언급하는 것이 좋습니다. 부사, 관형사들의 표현도 다양하게 쓰면 좋지요. 특히 부사 및 관형사의 사용은 아이에게 강조할 때, 시간의 순서나 수량을 자연스럽게 이해시키기에 도움이 됩니다.

아이의 언어가 풍부해지려면, 기능적인 면부터 이해해야 합니다. 단순하게 명사의 이름만 많이 안다고 해서 아이가 상황에 맞는 적절한 말을 잘 할 수 있는 것은 아닙니다. 기능적인 동사 및 형용사를 잘 이해해야 짧더라도 문장으로 표현할 수 있습니다.

어린 아동들에게 많이 나타나는 어휘 목록을 소개하면 다음과 같습니다.

아동이 자주 쓰는 품사별 어휘 종류

명사	- 가족 호칭(엄마, 아빠, 할머니, 할아버지, 이모, 고모, 삼촌, 형, 누나, 오빠, 언니, 동생 등 자주 만나는 가족들의 호칭) - 사람 호칭(아줌마, 아저씨, 친구들 이름) - 직업(소방관, 경찰관, 의사, 간호사, 미용사, 선생님 등 기본 직업) - 음식(반찬 이름, 좋아하는 음식, 자주 먹는 음식 등)

	- 집안 장소 및 사물(방, 거실, 화장실, 부엌 등, 집 안의 일반 사물 등) - 동물, 과일, 채소, 교통기관 등
동사	- 아이가 행동하는 움직임(가다, 앉다, 눕다, 서다, 잡다, 버리다, 타다 등)
형용사	- 크기 및 모양(크다, 작다 등) - 감정(좋다, 싫다, 재미있다, 무섭다, 슬프다, 기쁘다 등) - 질감(딱딱하다, 거칠다, 부드럽다 등) - 수, 색, 날씨 등
부사	- 엄청, 매우, 진짜, 가장, 제일 - 빨리, 천천히 - 아까, 금방, 먼저, 이미 - 설마, 제발, 정말
관형사	- 이, 그, 저, 다른 - 새, 헌 - 한, 두, 세, 여러 등

10) 아이의 관심사를 따라 주세요

아무리 언어적으로 많이 자극해 준다고 해도 아이가 관심이 없을 때, 또는 흥미가 없는 장난감이나 물건을 제시하며 이야기한다면 효과적이지 않을 것입니다.

아이가 흥미와 관심이 있을 때 함께 집중할 수 있고, 엄마 아빠의 말을 수용할 수 있습니다. 엄마 아빠와 깊은 교감을 할 수 있게 되고 더 많은 상호작용을 할 수 있습니다. 자연스럽게 언어를 배우고 학습할 기회도 높아집니다. 일방적으로 아이에게 어떤 물건이나 놀이법을 강요하지 않도록 합니다. 아이와 놀다 보면 어른은 어떤 정형화된 행동이나 순서로 놀려고 할 때가 있는데, 그보다는 아이의 행동 반응을 보면서 따라가 주며 언어 자극을 풍부하게 하는 것이 중요합니다.

아이의 말문을 여는 법 🔊

옹알이는 언어에서 가장 기초적인 표현입니다. 옹알이 산출이 적었더라도 지금부터 상호작용을 많이 해 주세요. 의성어와 의태어, 다양한 어휘 등을 사용하여 언어 자극을 도와주세요. 그리고 다음의 언어 자극을 하는 방법 10가지를 기억하세요.

1) 의성어 의태어를 많이 사용해 주세요
2) 쉬운 말로 이야기해 주세요
3) 질문만 하지 말고 대답도 알려 주세요
4) 반복적으로 이야기해 주세요
5) 아이가 해야 할 말을 정확하게 알려 주세요
6) 아이의 표현에 살을 붙여 주세요
7) 아이가 하는 행동을 말로 표현해 주세요
8) 아이가 스스로 선택하게 하세요
9) 다양한 어휘를 말해 주세요
10) 아이의 관심사를 따라 주세요

알아듣지만,
표현을
못 하는 아이

민희라는 아이와 엄마가 상담실을 찾아왔습니다. 민희는 상황을 이해하는 능력이 있기 때문에 누구보다 말을 더 하고 싶어 했습니다. 그런데 자신의 생각처럼 말이 나오지 않았지요. 머릿속 생각만큼 직접 표현할 수 없어서 민희는 매우 답답함을 느꼈습니다.

어떨 때는 자신의 의견이 제대로 전달되지 않거나 표현되지 않아 상대방이 반응해 주지 않으면 화가 나고 짜증을 내기도 했습니다. 그래서 민희는 물건을 집어 던지거나, 소리를 지르거나 때리는 등의 공격적인 행동을 쉽게 보였습니다. 민희의 엄마는 아이가 소리를 지르고 물건을 던졌다고 혼내기도 하고, 왜 그런지 속상해 했습니다.

　그 순간 민희의 엄마가 아이가 왜 그런 행동을 보였는지 살피고 즉각적으로 아이의 마음을 읽어 주었다면 어땠을까요? 아마, 아이의 언어 발달이 그처럼 늦어지지 않았을지도 모릅니다.

　민희처럼 이해는 하는데 말을 못하는 아이에게는 할 말을 대신 정확하게 알려 주어야 합니다. 단기간에 좋아지지는 않겠지만 꾸준히 어떤 말을 해야 하는지, 어떻게 말해야 하는지 알려 준다면 아이는 차곡차곡 기억을 쌓아 비슷한 상황에서 배운 말을 표현할 수 있을 것입니다.

　그리고 아이가 왜 말을 하지 않는지 파악하는 것이 중요합니다. 이해를 잘 하는데 표현이 나오지 않는 경우는 '단순 언어지연' 또는 '표현 언어지연'으로 부를 수 있습니다. 만약 표현 언어지연이라면 우리 아이의 언어 발달에 주황 불이 뜬 상태입니다. 어떤 경우에 아이가 이해는 하면서도 말을 잘하지 않을까요?

이해는 하면서 말하지 않는 경우

- 말을 하지 않아도 불편함이 없는 경우
- 완벽한 것을 추구하는 성격과 성향
- 미세 근육과 구강 근육이 약한 경우

명확한 원인을 알기 어렵겠지만, 평소 아이가 보이는 태도나 하루를 보내는 모습을 생각해 보면 대략적인 감이 올 수 있습니다. 또한 한 가지 이유가 아니라 여러 이유가 한꺼번에 작용하는 경우도 있습니다. 이럴 때 조금만 도와주면 아이의 표현언어가 바로 성장할 수 있는, 준비된 상태일 수 있습니다.

해결사 엄마와 말이 느린 아이

29개월 서연이가 언어 지연으로 찾아 왔습니다. 곧 30개월이 되는데, 아직 표현할 수 있는 단어가 '엄마, 빠빠' 등 10단어가 채 되지 않았습니다. 어머니는 서연이가 알아듣는 것은 기가 막히게 잘 알아듣고 행동하는 것에는 문제가 없어 보인다고 했습니다.

실제로 관찰평가를 진행해 보니 서연이는 엄마와 소통하는 데 문제가 없어 보였습니다. 손가락과 '엄마'라는 단어를 사용하여 아이가 편안하게 소통하는 것을 보았습니다. 그동안 아이와 어떻게 상호작용을 했는지 상담한 결과, 엄마는 서연이가 말을 할 기회나, 필요성을 느끼지 않을 정도로 편안하게 해 주고 있었습니다.

자조적인 행동 또한 엄마에 의해 해결되고 있었고, 아이가 필요한 것이 있을 때마다 엄마는 서연이의 눈빛만 보고도 알아서 척척

대령하고 있었습니다. 서연이는 말로 표현하는 것보다 손가락으로 가리키면 모든 것이 해결된다는 것을 알고, 이에 익숙한 상태였습니다.

이렇게 열성적인 서연이 엄마는 사실, 아이의 해결사로 지내는 데에 많이 지쳐 있었습니다. 아이와 24시간 밀착하여, 아이의 손발이 되어주고 무엇이든 대신해 주는 데에 무척 피곤함을 느끼고 있었지요. 서연이가 너무 사랑스럽고 귀엽고 소중한 존재이면서도, 힘든 존재이며, 언어 표현이 늘지 않으니 한없이 걱정되는 상황이었습니다.

서연이 엄마에게 제일 먼저 이야기한 것은 바로, '아이가 어려움을 알도록 내버려 두세요'였습니다. 서연이는 원하는 것을 바로 얻을 수 없을 때의 곤란함과 어려움을 스스로 느껴야 했습니다. 그래야 서연이의 입으로 필요한 것을 말할 수 있으니까요. 손가락보다 '말소리'가 훨씬 빠르고 편함을 느껴야 했습니다.

보이지 않는 곳에서도 엄마 아빠가 자신의 말을 듣고 와 줄 수 있고, 말로 해도 문제가 빠르게 해결할 수 있음을 아이가 스스로 느끼는 것이 중요합니다. 아이가 불편함을 느껴야 스스로 해결 방법을 더 적극적으로 찾으려는 시도를 하는 것이지요.

이처럼 단순히 아이와의 상호작용 방법만을 바꾸어도 결과는 크게 달라질 수 있습니다. 이해력이 좋은 아이라면, 달라진 엄마 아빠의 태도를 금방 알아차리고, 적응할 수 있는 유연함을 보일 것입니다.

스스로 요구할 수 있게 기다려 주기

엄마 아빠가 알아서 다 해 주거나 아이가 미처 말하기도 전에 해결해 주는 자세가 아이의 말문을 닫습니다. 아이가 말을 하지 않아도 먼저 알아듣고 해결해 주니 아이는 말할 필요성을 느끼지 못하지요. 말을 더욱 적극적으로 해야겠다는 생각이나 동기가 들지 않습니다. 그러니 기다려 주세요.

아이는 느리지만 불편하거나 문제를 해결할 상황에 부모에게 서툴지만 표현하려고 할 것입니다. 처음에는 손짓을 하거나 소리를 지르는 등의 행동으로 적극적으로 표현합니다. 이럴 때 부모가 바로 해결해 주면, 아이는 다음에는 비슷한 상황에서 '아! 소리를 지르면 되는구나' 하고 기억하게 되고 이와 같은 행동이 강화됩니다.

아이가 원하는 것을 스스로 요구할 수 있게, 아이에게 말할 기회를 주어야 합니다. 무엇을 원하는지 이것저것 확인하여 아이가 원하는 것을 정확히 파악 후 아이가 할 말을 이야기할 때까지 잠시 기다리세요. 아이가 말로 요구하길 선택하고 표현했다면 아이에게 아주 기쁘게 칭찬을 해야 합니다. 아이가 '아! 말하는 것은 이렇게 엄마 아빠의 기분을 좋게 하는 것이구나!'라고 생각할 수 있게 말입니다.

소근육 발달이 뇌 발달을 돕는다

서연이의 경우와 달리, 미세 근육과 근육이 약해서 생각처럼 말소리가 쉽게 나오지 않는 경우도 있습니다. 이해는 하는데, 표현하기 어려운 경우지요. 이럴 때는 소근육을 강화해 주어야 합니다. 소근육이 발달해야 뇌 발달과 구강 근육 및 미세 근육들의 발달이 잘 이루어집니다.

캐나다의 신경외과 의사인 와일더 펜필드(Wilder Penfield)의 호문쿨루스 그림을 보면 손이 얼마나 중요한지 알 수 있습니다. 우리 인체에서 손이 차지하는 뇌 운동 영역의 중요도는 32%가 된다고 합니다. 그중에서도 입은 17%, 머리는 16%의 중요도를 보이지요. 뇌 - 손 - 입은 긴밀한 관계를 맺고 있고, 손 운동은 뇌와 구강 근육이 활성화되는 데 큰 역할을 합니다.

그렇다면 소근육을 강화할 수 있는 활동은 무엇이 있을까요? 단순하게 손가락으로 잡는 것에 국한되지 않습니다. 생활 속에서 많은 일이 소근육 활동에 도움을 줍니다. 예를 들어 밀가루 반죽 놀이, 점토 놀이, 젓가락질, 곡식 잡기, 구슬 꿰기, 지퍼 여닫기, 끈 묶기, 단추 끼우기, 그림 그리기, 손가락 도장 놀이, 도장 찍기, 스티커 놀이, 가위질, 풀칠, 종이접기, 블록 놀이, 컵 쌓기, 타악기 및 건반악기 놀이, 공구 놀이, 모양 맞추기 등 손으로 하는 모든 활동이 소근육 강화에 도움이 됩니다. 그러나 나이에 따라서는 지퍼 채우기, 단추 끼우기, 끈 묶기 등은 매우 어려운 활동이 될 수 있으니 고려해서 시도하세요.

시중에 소근육 강화를 위한 많은 장난감 및 교구들이 나와 있으니, 그중에서 아이에게 맞는 교구를 선택해 활용하세요.

> **아이의 말문을 여는 법** 🔊
>
> 아이가 원하는 것을 부모가 먼저 해결해 주지 마세요. 스스로 원하는 것을 행동이나 소리 지르기가 아닌 말로 표현할 수 있도록 기다려 주세요.

아이의
청력 손실이
의심된다면

제일 오랫동안 가르쳤던 연수라는 아이에 대한 이야기입니다. 대학교를 갓 졸업한 해에 같은 일을 하는 친구로부터 연락을 받았습니다. 자신이 치료하는 아이가 아무래도 청각에 이상이 있는 것 같다고 말입니다. 언어 치료를 진행하여도 표현이 전혀 늘지 않고, 발음 또한 명확하지 않아 서울의 큰 병원에 속한 이비인후과에 의뢰를 한 상황이었습니다. 청력검사 결과, 한쪽은 거의 들리지 않는 수준의 청력이었고 다른 한쪽은 중도의 청력 손실을 갖고 있었다고 했습니다. 친구는 제가 청각장애 언어재활 기관에서 일을 하고 있으니, 아이를 맡아줄 것을 요청했지요. 연수가 6세일 때 처음

만났습니다. 실제로 만나 보니 연수는 1~2어절로 이야기하려는 것 같았지만 어떤 말인지 알아들을 수 없었습니다.

연수가 자라는 동안 알 수 없는 연유로 청력이 떨어졌고, 다행히도 한쪽은 청력이 남아 있어, 가족이나 주변인들이 보기에는 연수가 말을 알아듣는 것처럼 느꼈을 것입니다. 연수의 어머니도 아이가 알아듣고 뭐라고 표현하려는 시도는 많았기에 단순한 언어 지연일 것이라고 생각했습니다.

연수는 같은 해에 편측 인공와우수술을 받고, 저와 함께 언어 치료를 진행했습니다. 인공와우수술은 아이의 연령이 어리면 어릴수록 효과가 좋은 반면, 수술 시기가 느리면 효과가 떨어지기도 하고 언어의 결정적 시기를 지난 이후에는 언어 발달에 더욱 어려움이 있습니다.

그렇게 말소리의 감지와 변별부터 시작하여, 단어 수준과 문장 수준을 넘어, 각 학령기에 맞춘 상위 언어 기술까지 연수와 딱 10년을 함께했습니다. 오랫동안 저와 언어 발달 치료를 한 연수는 무사히 수능을 보았고, 얼마 전 4년제 대학교 두 곳에 합격했다고 연락이 왔습니다. 정말 자랑스럽고 대견했습니다. 참 험난한 여정을 견뎌준 아이에게 대단하다고 말해 주고 싶습니다.

청력 손실의 발견이 쉽지 않은 경우

생각보다 많은 아이가 연수처럼 청력 손실을 미처 발견하지 못하여 헛된 시간을 보내고 있는 경우가 많습니다. 가장 위험군에 속한 아이들은, 중도 및 중고도의 청력 손실을 가지고 있어 청력 손실을 가지고 있는지 발견하기 쉽지 않은 경우입니다.

고도 이상의 심도 청력 손실을 이미 가지고 태어났다면, 신생아 청력선별검사에서 선별됩니다. 그런데 태어날 때에는 경미한 손실을 가지고 있거나, 정상 청력을 가지고 있다가, 여러 가지 이유로 청력이 중간에 손실되는 경우는 청각장애를 의심하기 어려울 수 있습니다. 청력 손실 정도를 알아보면 다음과 같습니다.

청력손실정도	dBHL (dB Hearing Level)
정상 (normal)	0~20
경도 (mild)	21~40
중도 (moderate)	41~55
중고도 (moderately severe)	56~70
고도 (severe)	71~90
심도 (profound)	91~

우리 아이가 이해는 하는 것 같은데, 표현이 늘지 않는다면 중간에 청력이 손실되어 언어가 느린 상태일 수 있다는 것도 의심해 보아야 합니다. 다음과 같은 상황에서는 더욱 주의를 기울여야 합니다.

청력 손실을 의심할 수 있는 경우

- 뇌수막염을 앓았던 경우
- 고열에 노출되었던 경우
- 잦은 중이염, 만성 중이염이 있는 경우
- 강하고 큰 소리에 노출되었던 경우
- 코로나19를 앓았던 경우
- 호명 반응이 일관되지 않은 경우 (특히 뒤돌아 있을 때)
- '응/아니' 형태의 간단한 대답을 하지만, 제대로 이해하지 못하는 경우
- 시끄러운 곳에서 산만한 경우 (소음 상황으로 잘 듣지 못할 때)
- 발음이 정확하지 않은 경우
- '쉿', '쉬', '스' 등의 마찰음 /ㅅ,ㅆ/를 못 듣는 경우 (고주파수 청력 손실)

아이에게 청력 손실이 발견되었다면, 반드시 즉각적으로 보장구의 도움을 받아야합니다. 청력 손실에 따라 보청기를 착용하거나, 중고도 이상의 청력 손실이라면 인공와우수술을 받도록 합니다.

이 외에도, 아이의 상황에 맞는 보장구 및 수술법을 찾도록 적극적으로 나서야 합니다. 청력이 손실된 경우는 보장구의 도움을 받아 손실된 청력을 일정 수준까지 회복시켜 주어야 구어 언어발달을 제대로 할 수 있습니다.

> **아이의 말문을 여는 법**
>
> 아이가 알아듣는데 표현이 전혀 늘지 않는 경우, 청각에 문제가 있는 경우일 수 있습니다. 신생아 청력선별검사에서 문제가 없었다고 해도, 뒤늦게 발견되는 사례가 많으니 더욱 주의를 기울여야 합니다.

아이의
생각을 확장시키는
질문법

　무작정 질문을 많이 한다고 아이가 모든 질문에 대답하는 것은 결코 아닙니다. 많은 질문으로 아이의 언어 표현을 확장할 수도 없습니다.

　아이에게 질문하기 전에, 우리가 아이들에게 가장 많이 하는 질문이 무엇인지 한번 생각해 볼 필요가 있습니다. 아이에게 너무 쉬운 질문을 한 것은 아닐까, 너무 어려운 질문을 한 것은 아닐까, 또는 너무 재미없는 질문을 한 것은 아닐까 생각해 보아야 합니다. 그렇다면 질문에는 어떤 종류가 있을까요? 크게 네 가지로 나누어 보겠습니다.

말문을 여는 질문의 종류

- 6가지 의문사 질문 (누구, 무엇, 어디, 언제, 왜, 어떻게)
- 예/아니오 질문
- 선택형 질문
- 개방형 질문과 폐쇄형 질문

6가지 의문사 중 가장 빨리 발달하는 것은 '무엇'입니다. 아이는 '이거 뭐야' 질문을 가장 먼저 배웁니다. 그리고 '누구' 질문과 '어디' 질문을 할 수 있게 되고, '먹어?', '자?' 등 말끝을 올려 질문을 하기도 합니다. 말끝을 올려 질문하는 경우는 '예, 아니오'로 대답할 수 있습니다. 그 이후 '왜, 어떻게' 질문을 시작합니다. 또 아이에게 선택하도록 두 가지의 질문을 연달아 할 수 있습니다.

아이가 '왜, 어떻게' 질문을 시작했다면 아이는 원인과 결과를 생각할 수 있고, 해결 방법과 추측과 예측에 대해 생각할 수 있습니다. 아이에게 쉬운 질문이란 대답하기도 쉬운 질문입니다. 어려운 질문은 대답도 어렵습니다. 아이의 수준에 맞게 질문의 길이나 난이도도 조절해야 합니다.

아이가 말을 잘하는 편인데, 질문에 대답을 잘하지 않거나 단답식으로 짧게 이야기한다면 아이에게 개방형 질문이 아닌 폐쇄형 질문을 많이 하는지 돌아보세요. 아이의 생각이나 의견을 끌어내고 좀 더 긴 발화를 끌어내려면 '예, 아니오'로 답할 수 있는 폐쇄형 질문보다는 '왜, 어떻게, 어떤'처럼 개방형 질문을 해야 합니다.

폐쇄형 질문의 예 (아이의 대답이 '예/아니오' 등으로 짧게 나올 수 있는 모든 질문 형태)

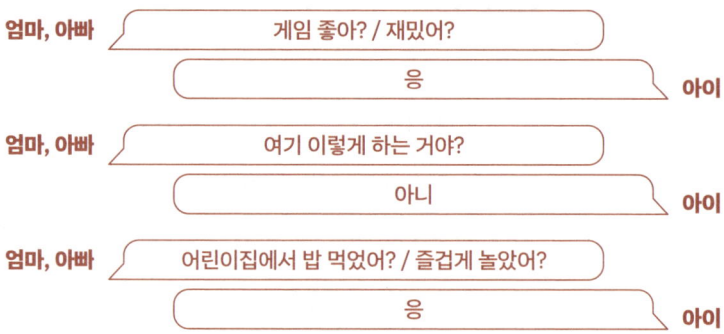

개방형 질문의 예 (아이의 대답이 길게 나올 수 있거나 생각이나 의견을 표현하는 질문 형태)

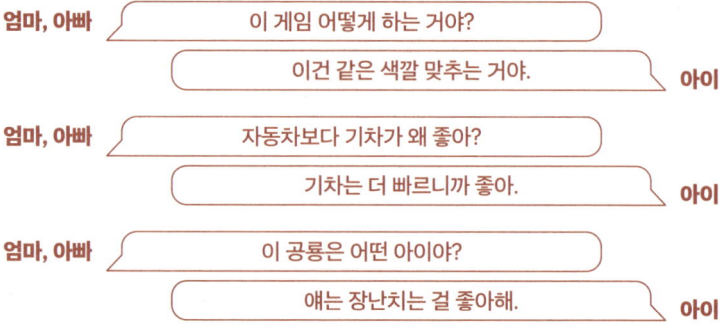

아이에게 신경을 써서 개방형 질문으로 물어보았으나 아이가 시

큰둥한 반응을 보인다면, 엄마 아빠의 생각과 의견을 먼저 이야기한 후 개방형 질문을 하는 것이 좋습니다. 아이는 질문이 막연하게 느껴지거나, 무엇을 어떻게 말해야 할지 고민하거나 생각하느라 대답을 못 할 수 있습니다.

아이에게 재미와 흥미가 높은 주제에 대한 질문을 골라 하는 것도 하나의 방법이 될 수 있습니다. 아이는 항상 재미가 있어야 대화하길 즐겨합니다. 그러다 보면 자연스럽게 대화를 주고받게 됩니다. 더 나아가 대화의 주제를 유지할 수 있는 담화 기술을 향상할 수 있습니다.

아이가 개방형 질문에 답을 할 수 없는 수준이라면?

언어를 배우기 시작하는 어린아이들에게는 대답이 될 만한 것을 질문과 함께 많이 알려 주는 것이 좋습니다. 예를 들어 새 장난감을 샀다고 할 때, 아이는 아직 포장이 뜯기지 않은 장난감이 무엇인지 궁금할 것입니다. 이때 엄마가 "이거 어떻게 하는 걸까?"라고 질문했다면, 잠시 아이의 반응을 기다린 후 "뜯어서 확인해 봐야겠다", "어떻게 하는지 같이 보자", "건전지 넣으면 움직이나 봐" 등 구체적으로 대답이 될 만한 문장들을 같이 이야기해 주세요.

'감정'에 대해 더 많이 이해시키고 함께 대화를 나누고 싶다면 '기분'에 대해 많이 이야기 해 주세요. '속상해', '답답해', '짜증나', '불편해', '상쾌해', '행복해' 등 감정 상태를 표현하는 말을 알려 주세요. '기분이 어때?', '잘 안 열려서 답답했어', '맛있는 거 먹어서 기분이 좋아' 등 질문과 아이의 감정을 읽으면서 대답을 말해 주세요.

간단한 질문이라도 아이가 스스로 대답하지 못한다고 한다면 아이가 해야 할 대답을 항상 함께 알려 주세요.

부모 스스로 질문하고 스스로 대답하는 자문자답과 함께, '모델링'이 아주 중요합니다. 이럴 때에는 엄마 아빠가 2인 1조가 되어서 아이에게 많이 알려 주어야 합니다.

엄마가 "이게 뭐야?"라고 질문했으나 아이가 어떤 대답을 해야 할지 모른다면 옆의 아빠에게 똑같이 질문을 합니다. 아빠가 대답했다면 아이에게 곧바로 다시 질문을 합니다. 그래서 아이의 대답이 아빠의 대답을 그대로 모방하더라도 질문에 잘 대답했음을 칭찬해야 합니다. 모델링을 통해 대답에 성공할 수 있는 기회를 주어야 합니다. 이와 관련된 구체적인 내용은 다음 장에서 자세히 이야기하겠습니다.

> **아이의 말문을 여는 법** 🔊
>
> 아이에게 재미있는 질문, 어렵지 않은 질문을 해 주세요. 폐쇄형 질문보다는 개방형 질문을 하세요. 대답을 어려워하면 모델링으로 모방하게 도와 주세요.

부모의 감정은
아이에게
전달된다

'말하면 줄 거야', '따라 말해 봐', '똑같이 말해 봐' 하고 시켰을 때 따라 말하는 아이가 있고 하지 않는 아이가 있습니다. 시켜서 하는 아이라면 계속 시키는 것이 좋을지 고민이 될 것입니다. 저는 상담 시 이렇게 말합니다. 아이가 일상생활을 할 때 말 때문에 스트레스를 받아서는 안 되지만, 필요할 때는 따라 말하도록 부모가 유도해 달라고 말이지요.

하루 중 비율로 따졌을 때, 아이에게 10번 중 10번 모두 다 말해 보라고 하면 아이는 아마도 스트레스를 많이 받을 수 있습니다. 일상 속에서 자연스럽게, 또는 자신이 원하는 상황이나 좋아하는 것을 요구하는 상황에서 따라 말하기를 시키면 아이는 따라 할 확률이 높습니다. 그렇게 말로 이야기해야 내가 원하는 것을 받을 수 있고 칭찬받을 수 있다는 것을 알려 주어야 합니다. 아이에 따라서 2~3번의 비율이나 절반의 비율로 모방하도록 기회를 주면 좋습니다. 그런데 매번 따라 말하라고 직접 요구하기에는 아이가 스트레스를 받을 것 같아 고민이 될 것입니다.

이럴 때는 어떻게 하는 것이 좋을까요? '모방할 수 있게 기다리기'입니다. 아이가 할 말을 알려 주고 기다립니다. 아이는 그 말을 따라 할 확률이 높습니다. 만약 스스로 알아차려 따라 할 수 없는 아이라면 엄마 아빠가 번갈아 가며 이야기해야 합니다. 엄마가 한 번, 이어서 아빠가 똑같이 한 번 이야기하고 기다립니다. 아이가 처음에는 부모가 무엇을 원하는지 알아차리지 못할 수 있지만, 기회가 될 때마다 모델링을 제공하고 기다리면 아이는 표현할 수 있습니다.

아이에 따라서 반응이 느린 경우도 있습니다. 아이의 반응 시간이 다소 걸리더라도 기다려 주어야 합니다. 재차 말을 종용하거나 바로 부모가 다시 말하면, 아이는 말을 하려다가도 기회를 놓치게 되거나 중단합니다.

저도 초임 시절에 아이들을 대할 때, 아이가 말을 시작했음에도 제 입이 먼저 움직이는 경우가 있었습니다. 그럴 때마다 '아차! 조금만 더 기다려줄 걸' 하고 후회하기도 했습니다.

아이가 무언가 말하려고 했다면 그것마저도 칭찬하면 좋습니다. '엄마 아빠가 내가 말하는 것을 놓치지 않고 들었구나' 하는 생각이 들도록 작은 표현에도 크게 반응해 주어야 합니다. 아이가 다그침을 당하거나 무시당했다고 생각하지 않도록 유의해야 합니다. 아주 작은 차이이긴 하나, 아이의 눈과 행동에 집중하고 기다린다면 아이도 표현할 수 있습니다. 항상 빠지지 않고 반드시 '칭찬 강화'를 해 주어야 합니다.

아이는 부모의 불안을 느낄 수 있다

부모가 조바심이 들고 불안해하면, 아이는 부모의 감정을 고스란히 느낍니다. 부모의 대화 속에 아이를 걱정하며 내쉬는 한숨과 어두운 표정을 보고 알 수 있습니다.

아이의 수행력이 낮더라도 우리는 아이 앞에서 아이의 언어에 대해, 발달에 대한 걱정을 이야기해서는 안 됩니다. 아이는 듣고 있습니다.

언어에는 초 분절적인 요소가 있습니다. 한숨을 쉬거나, 가라앉은 목소리, 부정적인 어투와 억양 등을 통해 아이도 함께 불안을 느낄 수 있습니다. 엄마 아빠가 편안하고 부드러운 음성으로, 긍정적인 말투와 억양으로 아이에게 말 걸어 주세요. 아이가 안정감을 느낄 수 있도록 말입니다.

> **아이의 말문을 여는 법** 🔊
>
> 아이가 질문에 말하지 않더라도 대답을 재차 종용하지 마세요. 충분히 기다려야 합니다. 부모의 불안함을 아이가 느끼지 않게 엄마 아빠가 편안한 음성과 말투로 말 걸어 주세요.

아이의
성장 골든타임을
지켜야 하는 이유

엄마들이 병원에서 흔히 하는 영유아 검진, 즉 '한국 영유아 발달 선별검사'는 소아과학회, 대한 소아 재활·발달의학회, 대한 청소년 정신의학회와 심리학 등 관련 분야의 전문가들이 함께 우리나라 영유아의 특성에 맞게 개발한 검사 도구입니다. 신뢰도와 타당도가 높고, 표준화된 검사 도구입니다. 영유아 검진은 총 6가지의 영역을 살펴봅니다.

대근육 운동, 소근육 운동, 인지, 언어, 사회성, 자조 기술로 나뉘고 각 영역당 아이의 발달을 대표하는 8가지 문항으로 구성되어 있습니다. 아주 간략하지만 아이에게 발달 문제가 있는지 선별할 수 있는 중요한 문항입니다. 검사 문항을 읽고 체크할 때 아이에 대해 객관적으로 생각해야 정확한 결과가 나옵니다. 아이를 너무 과대평가하거나 과소평가하면 정확한 검사 결과가 나오기 어렵습니다. 검사결과는 '빠른 수준', '또래 수준', '추적검사 요망', '심화평가 권고'로 나오게 됩니다. '추적검사 요망'은 -1 표준편차 미만, -2 표준편차 이상에 해당하는 경우이고, '심화평가 권고'는 -2 표준편차 이하에 해당하는 경우입니다.

최대한 객관적으로 아이에 대해 인식한 후 검사를 진행했고, 그 결과가 심화평가 권고가 나왔다면, 심화 권고가 나온 영역을 다시 세밀하게 확인할 필요가 있습니다. 검사 문항을 그 개월 수의 아이들이 할 수 있는 것으로 선정했기 때문입니다. '아직 어리니까 조금 기다리면 괜찮겠지'라는 생각으로 적절한 중재를 취하지 못한 채 골든타임을 놓치는 경우가 발생할 수 있습니다. 발달에는 결정적 시기가 있기 때문에, 영유아 검진 결과를 절대 간과해서는 안 됩니다. 영유아 검진에서 심화 권고가 나왔다면 반드시 전문가와 상의해야 합니다.

일반적으로 소아청소년과에서 영유아 검진을 시행합니다. 심화 권고의 결과를 받으면, 의사에게 다양한 경로를 소개받을 수 있습니다. 대학병원 등 종합병원의 소아재활의학과 또는 소아정신과를 추천받을 수 있습니다. 또한, 언어치료나 놀이치료, 감각통합

치료, 인지치료 등 치료 중재가 필요한 관련 센터를 방문해볼 것을 권고받을 수 있습니다. 아니면, 다음 검진 때까지 가정 내에서 다양한 자극과 상호작용을 하도록 안내받을 수 있습니다.

전문가와 상의해야 할 경우들

아이에게 부수적인 행동 문제가 동반하는지, 아이가 타인에 관해 관심이 있는지, 애착에는 문제가 없는지 확인할 필요가 있습니다. 또한 반복적인 행동인 상동 행동이 나타나는지, '시각 추구'나 '촉각 추구' 등이 나타나는지도 확인해야 합니다.

시각 추구란 시각적인 자극을 계속적으로 추구하는 경우를 말합니다. 예를 들어 직선의 형태를 따라가며 계속 보거나, 반짝이는 빛을 끊임없이 쳐다보는 등의 행동을 말합니다. 이와 비슷하게 촉각 추구 또한 특정 질감을 계속 만지는 등의 행동을 말합니다. 이와 반대로 싫어하는 경우는 '시각적 예민', '촉각 예민' 등이 나타나는지도 확인해야 합니다. 특히 저작의 경우 특정 질감을 싫어하여 편식이 심한 경우가 있을 수 있습니다. 이럴 때 반드시 평가를 받을 수 있는 병원을 방문하여 현재 상황을 진단받아보는 것이 좋습니다.

발달 평가는 42개월 이전의 영유아일 경우는 대부분 베일리 검사(K-Bayley-Ⅲ)를 진행합니다. 베일리 검사는 인지 발달, 운동 발달(대근육, 소근육), 언어 발달(수용언어, 표현언어), 사회정서 발달, 적응행동 발달 영역을 평가합니다. 사회정서 발달과 적응행동 발달은 부모보고에 의한 검사이고, 나머지 영역은 검사자가 직접 아이를 대면하여 검사합니다. 베일리 검사는 국민건강보험을 적용받을 수 있어 비교적 저렴한 가격으로 받을 수 있는 발달 평가 중 하나입니다. 만약, 베일리 검사를 받은 후 검사 결과가 지연으로 나온다면 조기 중재가 즉시 필요합니다.

상동 행동, 감각 추구, 사회성에 어려움을 보이는 경우는 한국판 아동기 자폐 평정척도(Korean-Childhood Autism Rating Scale, 2nd;K-CARS) 검사를 진행합니다. 이 검사는 자폐 범주성 장애(autism spectrum disorders: ASDs)를 판별할 수 있는 검사로 만 2세 이상 받을 수 있습니다.

> **아이의 말문을 여는 법** 🔊
>
> '아직 어리니까 괜찮겠지'라고 기다리다가 골든타임을 놓칠 수 있습니다. 심화 권고가 나왔다면 아이를 주의 깊게 살펴보고, 병원에 방문해서 진단받아 보기를 권합니다.

또래보다
신체 활동은 좋은데
말이 느릴 때

아이들의 발달을 이야기할 때 한 가지 영역으로만 이야기하지 않지요. 운동(대근육, 소근육), 언어, 인지, 정서 등 다양한 영역으로 나누어 생각해야 합니다. 운동 영역이 잘 발달한 아이는 상대적으로 언어 발달이 느릴 수 있고, 언어가 먼저 발달한 아이는 운동 영역에서 느린 발달을 나타낼 수 있습니다. 보통의 발달에서는 그 속도나 차이가 확연히 드러나지 않아 잘 못 느낄 수도 있지만, 아이들의 발달은 저마다 속도가 다릅니다.

운동 중에서도 대근육이 발달한 아이는 소근육이 느릴 수 있고, 소근육이 발달한 아이는 대근육이 느릴 수 있습니다. 앞서 소근육과 미세 근육, 뇌 발달, 언어와의 상관관계를 이야기했습니다. 대근육이 잘 발달한 아이는 소근육의 미세 발달은 상대적으로 떨어질 수 있고, 이에 따라 언어도 느릴 수 있습니다. 아이가 신체적으로 활발하게 잘 움직이고, 뛰고 활동하길 좋아한다면 충분히 언어가 느릴 수 있는 이유는 있습니다. 그것이 잘못되거나 보통의 경우와 다른 것은 아닙니다.

아이마다 먼저 발달하는 영역은 다르다

아이들의 발달을 이야기하는 다른 요소는 '계단식 발달'입니다. 계단을 한 단계씩 올라가는 것처럼, 아이들의 발달에도 점프하는 시기가 있고, 정체하는 시기가 있습니다. 아이들이 한참 발달을 하는 시기가 있고 한동안 머무르는 듯한 시기가 있으며, 이러한 주기를 반복하면서 발달합니다. 그래서 아이가 아프고 나면 더 큰 것 같다는 말이 나오기도 합니다. 감기에 걸려 한동안 기운이 없고 힘들어하다가, 건강을 회복하고 나면 이전보다 신체적으로 큰 느낌이 들고, 언어적으로도 많이 발달한 느낌이 들기도 합니다. 어떠한 아이도 발달을 전혀 하지 않는 아이는 없습니다. 각자 각 영역이 다르게 발달하는 것이지요. 부모가 조바심을 느끼지 않고 충분한 시간을 가지고 기다려 주어야 합니다.

아이가 활발하고 몸 쓰는 것을 좋아하면서, 어른의 말을 잘 듣고 이해하며 행동한다면, 잘 발달하고 있음을 생각해야 합니다. 24~36개월 아동 중 신체적 활동은 잘 하지만 걱정을 해야 하는 상황은 다음과 같습니다.

신체적 활동은 활발하지만 주의를 기울여야 하는 경우

- 몸을 끊임없이 움직이려 하고 가만히 있지 못하는 경우
- 잘 넘어지고 부딪히는 경우
- 듣고 수행하는 데 어려워하는 경우
- 한 단어 이상 표현 못 하는 경우
- 무엇이든지 손으로 잡아끌거나 가리켜서 요구하는 경우

몸을 끊임없이 움직이고 가만히 있지 못하는 경우는 아이의 에너지 발산을 충분히 도와주어야 합니다. 아이들 중에는 가만히 있기를 어려워하는 아이도 분명히 있습니다. 이때에는 아이가 충분히 더 많은 신체 활동을 하도록 도와주는 것이 좋습니다. 부모가 몸으로 많이 놀아줄 수 있다면 좋겠지만 부가적인 도움을 받아도 좋습니다. 유아 체육이나, 개별화된 특수체육, 심리운동 등의 활동을 고려하는 것이 좋습니다. 또한 잘 넘어지고 부딪히는 경우라면,

안과 및 이비인후과 진료를 받는 것도 좋습니다.

아이가 눈이 잘 보이지 않아 자주 부딪히고 넘어질 수 있습니다. 또한 우리 몸의 균형을 담당하는 전정기관에 문제가 있어 잘 넘어질 수도 있습니다. 이러한 경우는 이비인후과에서 반드시 확인해 보아야 합니다.

전정기관과 함께 청력에도 문제가 있다면 아이의 언어 발달이 느릴 수 있습니다. 완전히 듣지 못하는 농(deaf) 수준이 아닌, 주파수별로 상이한 청력 손실이 있다면, 아이의 언어가 발달하는 것처럼 보여도 속도를 내지 못할 수 있습니다. 또한 소음 속에서 듣기를 매우 어려워할 수 있습니다.

24~36개월 사이 아동은 어떠한 경우라도 '한 단어' 이상의 수준으로 표현 가능해야 합니다. 그렇기 때문에 두 돌이 지난 이후에도 한 낱말 이상의 표현을 어려워한다면 반드시 전문가를 찾아 정확한 진단을 받아야 합니다. 언어 표현을 할 수 없으니 자신이 하고 싶은 바를 손으로 잡아끄는 것이 최선의 의사소통 수단이 될 수 있습니다. 이러한 경우는 반드시 정확한 상담 및 진단을 받아보시길 권유합니다.

아이의 말문을 여는 법

아이의 전정기관이나 청력 등 이상이 있는 경우를 제외하고, 아이마다 발달하는 영역과 속도가 다릅니다. 우리 아이를 다른 아이와 비교하지 마세요. 아이들은 저마다 다른 속도로 발달하고 있습니다.

언어 발달에는
이런 것이 좋아요

2. 애착

　애착은 아이와 함께하는 시간에 비례하여 쌓이는 것이 아닙니다. 맞벌이로 아이의 애착 형성에 고민을 하는 부모가 많습니다. 우리 아이와 보낼 수 있는 소중한 시간을 놓치고 있고, 내가 일을 하기 때문에 아이가 발달이 느리거나 어려움을 겪는 것은 아닌지 고민이 많습니다. 하지만 중요한 것은 시간의 '양'이 아닌, 아이와 함께 하는 시간의 '질'입니다.

　상호작용의 중요성에 대해 다시 강조하고 싶습니다. 아이는 엄마 아빠와 함께 있을 때 자신과 상호작용하기를 끊임없이 원합니다. 아이가 돌이 지나면 괜찮겠지, 두 돌, 세 돌이 지나면 괜찮겠지 생각하지만, 사실 아이는 엄마, 아빠에게 원하는 것이 무척 많습니다. 자신에게 관심을 주길 바라고, 이야기를 들어주기 바라며, 확인받으려 하고, 무엇이든지 엄마와 아빠가 해 주었으면 하는 성향이 강합니다. 이런 성향과 요구 때문에 많은 부모가 육아의 힘듦을 토로하기도 하지요. 정말 피곤하고 힘든 고된 전쟁과도 같은 시간입니다.

  육아는 정말 어렵습니다. 때로는 아이와 함께 있는 시간이 직장 상사와 있는 것보다 힘든 기분이 들기도 합니다. 육체적으로 굉장히 고되기도 하고요. 참으로 고된 일이지만, 애착은 사랑을 표현하면 하는 만큼 더욱더 커지게 됩니다. 낮에 함께 하지 못했던 시간을 저녁과 주말, 아이와 함께 있는 모든 시간에 최선을 다하여 아이에게 사랑을 많이 표현해 주세요. 아이는 엄마 아빠가 자신을 사랑하는 마음을 충분히 느낄 수 있고 안정감을 느낍니다. 사랑을 표현하고 스킨십하고, 함께 노는 시간은 아이가 엄마 아빠가 없는 부재의 시간을 견딜 수 있는 에너지를 만들어 줍니다. 저는 그런 에너지를 '사랑 에너지'라고 부르고 싶습니다.
  아이가 부모로부터 사랑 에너지를 듬뿍 받으면, 아이는 불안해하지 않고, 다른 사람들과 편안하게 소통하며 친구들과도 함께 어울려 잘 놀 수 있을 것입니다. 물론, 아이와 더 많은 시간을 공유하고 함께하는 것은 정말 말할 것도 없이 좋을 것입니다. 하지만 우리 모두가 같은 환경과 상황에 놓인 것은 아닙니다. 자신의 환경에 맞는 최적화된 모습으로 최선을 다해 살아가면 됩니다. 아이와 함께 있을 때 아이의 행동과 이야기에 적절하게 반응하고, 먼저 아이의 흥미를 이끌며 아이가 주도적으로 놀이할 수 있게 하는 부모는 최고의 애착을 형성할 수 있습니다.

3장

"말이 느리면 아이도 엄마도 답답합니다"

말이 느려 생기는 문제

어린이집에서
친구들을 깨물고
때린다면

아이가 말을 못해서 감정이 격해지면 바로 공격적인 행동으로 이어질 수 있습니다. 특히 어린이집을 일찍 다니기 시작한 영유아들에게서 많이 나타나는 문제 행동입니다.

요즘은 다양한 이유로 돌 이후부터 어린이집에 다니는 경우가 많아졌습니다. 아이들은 아직 다른 친구를 배려하거나 말로 놀지 못합니다. 눈앞에 보이는 것을 만져야 하는 직관적인 시기이기 때문에 다른 친구들에게 뺏고 뺏기면서 감정이 상하거나 화가 납니다. 그럴 때 참지 못하고 곧바로 화났음을 표시하기 위해 다른 친구를 때리거나 물려는 행동을 하게 됩니다. 집에서도 장난을 치다

가도 흥분하거나, 화가 날 때 똑같은 행동을 보이기도 합니다.

특히 24개월 미만 아이들에게는 다른 친구들을 때리거나 깨무는 행동이 쉽게 나올 수 있습니다. 보통 언어가 발달하면서 자연스럽게 소거될 수 있는 문제 행동입니다.

공격적인 행동의 원인 파악하기

자연스럽게 없어지니, 그냥 놔두어도 괜찮다고 하기에는 또 다른 문제행동으로 이어질 수 있기 때문에 아이가 공격적인 행동을 보인다면, 반드시 제재를 해야 합니다.

문제 행동을 하지 못하게 즉각적으로 중단시키고, 단호한 어조로 하면 안 된다는 것을 알려 줍니다. 그리고 아이가 해야 할 말을 알려야 합니다. 이런 경우 어린이집 선생님과 상담을 통해 어떤 경우에 아이가 문제 행동을 보였는지 면밀하게 알아보는 것도 좋습니다. 단순히 그 순간 화가 나서 한 행동인지, 이유 없이 벌인 행동인지 판단해야 합니다.

진짜 문제는 아이가 언어적 표현을 할 수 있음에도 공격적인 행동을 보이는 경우입니다. 아이가 관심 받기 위해 공격했는지, 스트레스가 많아 다른 친구들에게 화풀이했는지, 충동 성향이 강한 기질인지 확인해야 합니다. 집에서 항상 아이에게 다그치기만 하지는 않았는지도 생각해 보아야 합니다.

계속해서 또래 친구에게 공격적인 성향을 보이고 행동한다면 또래 관계에 좋지 않은 영향을 주게 됩니다. 부정적인 관계를 형성하면 사회성 발달이 어렵겠지요. 아이가 공격적인 행동을 보일 때는 때와 장소에 상관없이 즉각 중단시키고, 상황을 파악하고, 아이의 감정을 읽어 주어 흥분을 가라앉히는 것이 중요합니다. 혼을 내고 야단쳐도 비슷한 상황이 되면 아이는 다시 공격적인 행동을 보일 가능성이 큽니다. 아이의 마음을 읽어 주는 것이 중요합니다.

무엇보다 중요한 것은 아이의 잘못을 인지시키고, 상대방에게 사과하도록 합니다. 만약 어린이집에서 친구를 때리거나 깨물었다면 반드시 상대방 아이에게 미안하다고 이야기하도록 지도해 주세요.

아이가 고집이 세고 떼를 쓴다면

선천적으로 고집이 세고 강한 기질인 아이들도 있고, 언어가 느려서 고집이 센 경우도 있습니다. 아이들의 고집이 센 경우 어떻게 대처를 하고 있는지 잘 생각해 보아야 합니다. 우리 아이가 어떤 경우에 고집이 세고, 자기주장을 하는지 살펴볼 필요가 있습니다. 아이의 고집에 대해서는 심리적으로 고려해야 할 요소가 많겠지만, 무엇보다 일관적인 양육 태도가 제일 중요합니다. 아이가 허용되는 행동과 하면 안 될 행동의 구분을 이해할 수 있게 일관성 있게 알려 주어야 합니다. 어떤 경우는 한없이 너그럽다가, 양육자의 기분이나 피곤함에 따라 엄격한 태도로 대한다면 아이는 혼란스러울 수밖에 없습니다.

예를 들어 아이가 밥을 먹기 전에 아이스크림이나 사탕, 초콜릿 등 달콤한 간식을 먹겠다고 고집을 부립니다. 어떨 때는 허락을 해 주고 어떨 때는 안 해주고, 또 아빠는 허락하고 엄마는 허락하지 않는다면, 아이가 항상 식사 전에 간식을 먹겠다고 떼를 부리고 고집을 피울 가능성이 커집니다. 아이는 식사 전에 간식을 먹었던 기억이 있고, 고집 부리면 먹을 수 있다고 예측할 수 있기 때문입니다. 아이가 밥 먹기 전에 간식을 먹게 되면 당연히 밥을 잘 먹지 않고, 배고픔도 잊어버리게 될 것입니다. 이런 상황이 반복되면 식사 습관이 잘못 형성될 것이며, 균형 잡힌 영양가 있는 식사가 어려워 장기적으로 좋지 못한 영향이 갈 수밖에 없습니다. 또한 치아 건강에도 좋지 않겠지요.

아이에게 식사 전에는 간식을 먹지 않는다고 일관성있게 알려 주어야 합니다. 당연히 단번에 바로 잡기에 어려울 수 있습니다.

식사시간마다, 엄마가 되었든 아빠가 되었든 누구나 허락할 수 없음을 알게 해줘야 합니다. 반복되면 아이는 자연스럽게 받아들일 수 있습니다.

이러한 과정에서 부모는 항상 말로 설명하며 아이를 이해시켜야 합니다. 무조건 "안 돼!"라고만 한다면 반발심이 생기고 울고 고집을 피울 수밖에 없습니다. "밥 먹기 전에 아이스크림 먹지 않아", "지금 먹는 거 아니야!", "밥 먹고 나서 먹자", "지금 아니고 이따 먹자", "지금 아이스크림 먹으면 밥이 맛이 없어"라고 말로 설명하며 허락할 수 없음을 매번 알려 주어야 합니다. 아이는 '~전에, 거 아니야!, ~나서, 지금, 이따, ~면'을 사용한 문법과 시간의 흐름이 들어간 표현을 자연스럽게 받아들일 수 있습니다.

물론 항상 이론대로 되는 것은 절대 아니지요. 아이가 한동안 이해를 잘 하다가도, 어느 날은 받아들이기 무척 힘들어하기도 하고, 폭풍 오열을 할 때도 있지요. 그렇지만 일관성 있는 기준을 가지고 양육하려고 노력하는 것이 중요합니다.

반드시 할 일은 질문하지 않는다

앞서 이야기했듯이, 아이들이 반드시 해야 할 일은 묻지 않아야 합니다. 식사하기, 목욕하기, 양치하기, 옷 입기, 신발 신기, 등원 준비하기, 잠 잘 준비하기 등 반드시 해야 하는 것은 아이에게 묻지 않고 '해야만 해, 하는 거야, 할 수밖에 없어'라는 표현으로 안내합니다. 또한 항상 무엇을 할 것인지, 어떻게 해야 하는지 설명하며 아이에게 충분한 언어 자극을 함께 주어야 합니다. 엄마 아빠가 충분히 설명하고 일관되게 반응한다면 아이의 이유 없는 고집 부리기는 줄어들 수 있습니다.

기억해야 할 것은 절대 체벌을 사용하여 아이의 고집을 꺾으려는 행동은 하지 않는 것입니다. 직접적인 체벌이 아니더라도, 회초리나 매라는 존재를 인식시키고 상기시키는 행동이나, "고집 부리니 너 혼자 있어!"라고 하는 방치나 방임(생각하는 시간을 주는 것과는 다르게 아이를 무시하거나 내버려 두는 것), 어두운 곳에 분리하여 '도깨비', '망태 할아버지' 등 무서운 존재를 상기시키는 언행은 삼가야 합니다.

아이가 두려움 때문에 고집을 피우지 않는 것은 근본적인 해결이 아닌 임시방편에 불과합니다. 이런 식으로 문제를 해결한다면, 아이가 불안에 떨거나 두려움에 사로잡히는 등의 부작용을 초래할 수 있습니다.

반드시 부모가 아이를 많이 사랑하고 있다는 사실과, 약속을 지키면 신뢰를 쌓을 수 있다는 것을 알려 주어야 합니다. 장기전이지만 조금씩 변해가는 우리 아이의 모습을 느낄 수 있을 것입니다.

아이의 말문을 여는 법 ◀⁞

아이가 친구에게 공격적인 행동을 했다면, 그 이유를 면밀히 살피고 상대방에게 반드시 사과하도록 합니다. 또한 식사하기, 목욕하기 등 반드시 해야 할 일들은 질문하지 않고, 꼭 해야만 한다는 것을 일관되게 안내합니다.

아이가
같은 행동과 말을
반복할 때

언어 지연을 보이는 아이를 둔 부모에게는 아주 익숙한 '상동 행동'이란 용어가 있습니다. 반복적인 행동 및 말을 보일 때 쓰는 말이지요. 외부 환경 및 자극에 상관없이 아이가 시시때때로 같은 행동을 보이거나, 특정할 때에 같은 말을 반복하는 경우가 있습니다. 이런 상동 행동은 틱과 구분할 필요가 있습니다.

틱은 자신도 모르게 나오는 반복된 현상으로, 운동 틱과 음성 틱이 있습니다. 원인으로는 뇌 신경전달 체계의 문제, 유전적 요인, 심리적인 요인, 출산 시 뇌 손상 등이 있습니다. 운동 틱은 근육들의 수축과 팽창으로 반복적인 증상으로 눈을 깜빡거리거나 어깨를 들썩거리거나 신체 어느 부분이 움직이는 것이고, 음성 틱은 생리적인 발성 소리부터 특정한 말소리, 심한 경우 욕설 같은 특정 표현을 하기도 합니다.

대개 학령전기부터 학령기 아동에게서 많이 나타나는 특징으로 대부분은 자연적으로 증상이 좋아지기도 하고, 심할 때는 약물 치료가 필요합니다. 이러한 경우는 소아정신과를 방문하여 면밀하게 진료 후 맞는 약물 처방을 받아 치료를 진행하는 것이 좋습니다. 틱 증상이 오래될 경우, 또래로부터 놀림을 받을 수 있고 그로 인하여 스트레스가 더욱 가중되어 아이에게 더 좋지 않은 영향을 끼칩니다.

새 학기에 틱 증상이 가장 많이 나타나는 이유

저는 실제로 아이들을 만나면서 3월 이후 새 학기에 틱 증상이 가장 많이 나타나는 것을 목격했습니다. 아이들이 학교와 새 친구들을 만난 환경에서 적응하기란 쉽지 않습니다. 환경도 변하고, 학습량도 더 많아지니 부담감을 느낄 수밖에 없어, 틱의 원인 요인을 가지고 있던 아이들에게 흔히 나타나게 되는 것이지요. 제가 만났던 아이 대부분은 1학년이 지나고 좋아지는 것을 볼 수 있었습니다.

저에게 치료를 받던 서진이라는 아이가 있었습니다. 서진이는 초등학교에 입학한 3월경부터 눈을 깜빡거리는 틱 증상을 보였습니다. 치료 도중 아이는 제게 "선생님, 나도 모르게 자꾸 눈을 깜빡거리게 돼요"라고 표현하며 답답함을 드러냈습니다. 그 이후 어머니께 틱 증상에 대한 안내와, 심리적인 압박감을 주지 않도록 아이와 편안한 상호작용을 할 것을 요청했습니다.

서진이의 엄마는 1학기임에도 불구하고, 서진이에게 많은 양의 문제집을 풀게 하는 등 학습 압박감을 주고 있었습니다. 이러한 환경을 조금만 유연하게 바꾸도록 부탁드렸고, 틱 증상에 대한 직접적인 언급은 아이에게 하지 않도록 안내했습니다.

서진이는 선생님과 친구들에 익숙해지고 학교생활에 적응한 이후 틱 증상이 자연스럽게 사라졌습니다. 모든 아이의 틱 증상이 서진이의 사례처럼 자연스럽게 사라지지는 않지만, 적어도 외부적인 환경과 심리적 부담감을 덜어줄 수 있도록 신경쓰는 것만으로도 아이에게는 큰 도움이 될 수 있습니다.

상동 행동을 빠르게 소거시켜야 하는 경우

상동 행동은 신체와 물건 등을 반복적으로 움직이는 자기자극의 행동을 말합니다. 상동 행동은 틱과는 조금 다르게 구분해야 할 필요가 있습니다. 틱보다 조금 더 이른 유아기부터 나타날 수 있지요. 또한 틱은 스스로 조절이 불가능하지만, 반복적 상동 행동은 조절이 가능할 수 있습니다.

언어 지연이 나타나지 않는 일반 유아들에게도 관찰되는데, 잠시 나타났다 자연스레 소거되기 때문에 눈치채지 못하거나 잠시 걱정하다 지나갈 수 있는 정도입니다. 그러나 언어 지연을 보이면서 반복 행동이 나타나는 경우는 걱정할 수밖에 없습니다. 또한 간격과 빈도가 높아질수록 부모의 걱정은 더해만 가지요.

상동 행동은 감각을 추구하며 동반되는 경우가 많고, 자해를 동반하는 경우가 많습니다. 자신의 몸에 자해하며 반복적으로 하는 경우는 반드시 빠르게 소거시켜야 할 행동입니다. 심한 경우 멍이 들거나 피가 날 정도로 반복하는 경우가 있습니다. 상동 행동은 여러 행동 수정 기법으로 소거시킬 수 있고, 감각적 추구를 소거하여 상동 행동을 소거시킬 수 있습니다. 아이가 다음과 같은 행동을 반복적으로 자주 한다면, 상동 행동으로 볼 수 있습니다.

반복적으로 나타날 시 상동 행동으로 보이는 행동

- 머리 흔들기
- 손 털기

- 박수 치기

- 상체 흔들기

- 손가락을 들어 흔들기

- 발 구르기

- 물건 돌리기

- 눈 깜빡이기

TV나 라디오 대사를 갑자기 따라 말하는 아이

상동 행동과 함께 '반향어'라는 것이 있습니다. 바로 유아가 들었던 말을 때와 상황과 상관없이 다시 말하는 것을 뜻합니다. 이 반향어에는 '즉각반향어'와 '지연반향어'가 있습니다. 즉각반향어는 말 그대로 들은 즉시 따라 말하는 경우입니다. 보통 유아들은 어른들의 말을 듣고 따라 하며 말을 배우는 것이 일반적입니다. 여기서 말하는 반향어는 지나치게 반복적이거나, 감정과 상관없이 따라 말하는 경우일 수 있습니다. 대개는 아동의 억양이 매우 모노톤으로, 단조롭게 따라 말하는 경우가 많습니다. 지연반향어는 예전에 들었던 말이나, TV나 라디오에서 들었던 대사들을 갑자기 말하거나 반복해서 말하는 경우가 있습니다. 이러한 반향어들은 기능이 없으리라 생각되지만, 실제로 아이들이 기능적으로도 반향어를 사용하는 경우도 있습니다. 자신이 무엇인가를 요구해야 할 때 어떤 아이는 '~하고 싶어요'라는 표현보다 '우리 이거 해볼까?'라는 문장을 사용하며 자신의 의사를 표현하는 경우도 있습니다.

유아들이 자신이 들었던 말 중 재미있었거나, 기억에 남는 말을 자주 말하는 것은 흔한 일입니다. 이를 반향어와 구별 지을 때 생각해볼 것은, 아이가 즐겁게 자발적으로 말을 시작하여 대화할 수 있는가, 또한 어른이 아이의 말에 반응을 했을 때 후속적인 반응을 스스로 할 수 있는가에 있습니다.

아이의 말문을 여는 법

틱은 학령전기부터 학령기 아동에게서 많이 나타납니다. 자연적으로 호전되기도 하지만, 심한 경우 약물 처방을 받아 치료를 진행하는 것을 권합니다. 틱과 상동 행동에 대한 도움이 필요하다면 반드시 전문가를 찾아야 합니다.

인지가
발달할수록
표정도 다양해진다

아이의 표정은 곧 인지라고 할 수 있습니다. 세상을 보고 듣고 느끼고, 자신의 얼굴로 감정을 표현하기 때문에 표정은 다양해야 합니다.

아이들은 태어날 때부터 기본적으로 화, 기쁨, 두려움이라는 큰 감정을 가지고 태어납니다. 배가 고프면 짜증이 나고 화가 나고, 밥을 먹으면 기쁘고, 엄마, 아빠가 없으면 무서움을 느껴 울기도 합니다. 이런 기본적인 감정부터 출발하여 점차 세상을 탐색하며 호기심이 생겨나고, 답답함, 불안함, 만족감, 패배감, 속상함, 기대감 등 조금 더 세분된 감정을 느끼게 됩니다. 이러한 감정은 얼굴로 나타날 수 있는데, 감정의 분화가 다양하게 일어나지 않은 경우는 표정도 단조롭게 나타날 수 있습니다.

아이가 잘 웃지 않거나, 잘 우는 경우 세상의 많은 것을 보고 듣고 느끼게 해야 합니다. 아이가 재미있는 것을 탐색하고 주의를 기울이며 스스로 조작할 때 뇌는 활발하게 발달합니다. 아이의 인지가 발달할수록 아이 표정에도 변화가 나타나는 것을 관찰할 수 있습니다.

아이 앞에서 말을 많이 하는 것도 중요하지만, 표정으로도 메시지를 전달해야 합니다. 놀랐을 때는 눈과 눈썹을 더욱 과장되게 움직여 보여 주고 입은 크게 벌린 채 놀랐음을 알립니다. '안 된다'라는 것을 알려 줄 때는 미간을 좁히고 단호한 표정을 함께 지어야 더 강력하게 의미가 전달됩니다. 말은 '안 돼'라고 하면서 웃고 있다거나, 너무 상냥한 어조로 안 된다고 말하면 아이는 진짜 하지 말라는 뜻으로 받아들이지 못할 수 있기 때문입니다. 아이에게 온 얼굴을 사용하여 말하면 강력한 전달이 이루어집니다.

부모의 다채로운 표정이 아이에게 주는 힘

아이는 항상 재미를 느껴야 의미 있게 받아들이고 학습합니다.

표정만 보고도 웃음을 터뜨리는 아이는 비언어적인 사인을 잘 읽을 수 있고, 상호작용하기 좋아합니다.

우리 아이의 표정이 어떤지 한번 살펴보세요. 아이 앞에서 어떤 표정을 짓고 있나요? 아이 앞에서 너무 단호한 얼굴만 하지 않았는지, 잘 웃지 않고 한숨만 쉬지 않았는지, 아니면 단조롭고 무덤덤하게 대하지는 않았는지 생각해 보세요. 아마 그런 표정을 많이 하고 있었다면, 엄마 아빠의 마음과 몸이 매우 힘든 상황일 것입니다. 약간은 과장된 표정이더라도, 아이와 나를 위해서 다양한 표정을 지으며 아이와 이야기해 보세요. 점차 다양해지는 아이의 표정을 볼 수 있을 것입니다.

> **아이의 말문을 여는 법**
>
> 아이의 인지가 발달할수록 표정도 다양해집니다. 아이에게 말을 할 때 메시지 전달과 함께 다양한 표정의 변화를 주세요. 아이가 재미를 느낄 수 있게 굳은 표정 대신 약간은 과장된 표정으로 상호작용해 주세요.

아이가 불러도
쳐다보지 않는
이유

 여기에서 언급할 것은 바로 '호명 반응'입니다. 아이는 자신의 이름을 알고, 이름을 부를 때 반응해야 하지요. 돌 이전이라도, 자신의 이름에 대한 인지는 잘 하고 있어야 합니다. 이름을 표현하지 못하더라도 스스로를 손으로 가리키거나, 이름을 불렀을 때 뒤를 돌아보며 반응해야 하지요.
 "아이가 호명 반응을 잘 하나요?"라고 질문하면 객관적으로 파악하고 있는 부모도 있고, 아이가 호명 반응을 잘 하지 않는데 잘 하고 있다고 생각하는 분들도 있습니다. "아이가 이름에 잘 반응하나요?"라고 질문하면, "할 때도 있고 안 할 때도 있어요. 자기가 하고 싶을 때는 반응하고 아니면 무시해요"라는 답을 많이 들었습니다.

아이가 자신의 이름에 완전히 반응을 한다고 말할 수 있으려면 10번 중 7번 이상의 반응을 보여야 합니다. 또한 자신이 누구인지 손으로든 말로든 표현할 수 있어야 완전히 반응한다고 말할 수 있습니다. 그 확률이 2~3번이라면 완전히 이해하지 못할 수 있는 상황이고, 4~5번의 절반 비율이라고 하면 자신의 이름은 알되, 때에 따라 적절하게 반응해야 한다는 것을 모를 수 있습니다.

아이의 집중력이 좋다고 오해하는 경우

아이가 정말로 집중력이 좋아서 불러도 쳐다보지 않는다고 판단하려면 어떤 물건이나 책에 골똘하게 집중하지 않는 시간에 호명 반응을 확인하는 것이 좋습니다. 장난감을 가지고 놀거나 책을 볼 때 반응하지 않다가, 한곳에 집중하지 않을 때도 반응하지 않는다면, 집중력 때문에 반응을 안 하는 것이 아닐 수 있습니다. 다른 방법은 아이가 어떤 것에 집중하고 있을 때 자신의 이름이나 주변의 소리 및 행동에도 신경을 쓰지 않아도, 좋아하는 간식을 먹자고 제안하는 것입니다. 아이는 듣고 바로 반응할 수 있습니다.

상담하다 보면, "아이가 책을 너무 집중해서 보고, 아기 때부터 계속 혼자 책 보는 행동을 해서 책을 좋아하고 잘 읽는 줄 알았어요"라고 이야기하는 경우가 많습니다. 그래서 언어도 빠를 줄 알았는데 아닌 것 같다는 이야기를 많이 듣습니다.

아이가 책을 보는 행동은 좋은 행동임은 분명합니다. 그런데 아이가 책을 정말로 의미 있게 보는지가 관건입니다. 단순하게 책장을 넘기는 행동을 좋아하거나, 책의 딱딱한 촉감이나 종이의 움직임을 좋아하는 경우도 있습니다. 또는 특정 그림만 계속 보는 경우나 책에 쓰인 활자를 보기 위하여 책을 계속 보는 경우가 있습니다.

언어적 지연을 보이며 상동 행동을 보이는 경우, 글자나 숫자를 지나치게 좋아하고 집착하여 책을 자주 보는 경우가 있을 수 있습니다. 어떤 아이들은 글자를 너무 좋아해 언어 발달과 상관없이 이른 개월 수부터 한글을 읽기 시작하는 아이도 있습니다. 이런 경우 부모가 아이의 말이 빠른 것으로 오인하기도 합니다. 글자를 읽는 것에 의미가 담기지 않고 단순하게 소리를 읊는 것에 지나지 않는 경우 또한 있습니다. 이는 아이가 글자를 읽기 시작했고, 책의 문장이나 어휘의 뜻에 대해 묻고 궁금해하는 것과는 다릅니다.

아이가 책을 보며 어른에게 궁금한 것을 질문한다면, 지적 호기심이 강한 경우입니다. 반대로 혼자 책을 보고 별다른 상호작용 행동을 취하지 않는다면, 아이 혼자 책을 보게 하기보다는 함께 읽으며 주목해야 합니다.

　아이가 몇 시간이고 어떤 활동을 혼자 계속하는 것은 발달상 좋은 행동이라고 판단하기에 곤란합니다. 어떤 아이든, 항상 상대자와 함께 읽거나 같이 보는 것이 좋습니다. 가끔은 소리 나는 펜이 그 역할을 대신하기도 하지만, 가장 훌륭한 파트너는 바로 엄마와 아빠입니다.

> **아이의 말문을 여는 법**
>
> 아기가 완전히 자신의 이름에 반응을 한다고 말할 수 있으려면 10번 중 7번 이상의 반응을 보여야 합니다. 또한 자신이 누구인지 손으로든 말로든 표현할 수 있어야 완전히 반응한다고 말할 수 있습니다.

내 아이가
ADHD일까?

 많은 분이 아이들의 넘치는 에너지 때문에 많이 힘들어합니다. 보통은 여아보다 남아가 에너지가 많고 활동적이라, 남자아이고 아직 어려서 괜찮다고 여기며 아이가 어서 크길 바라지요.
 이 장에서는 주의력과 산만함에 대해 이야기하려 합니다. 우리가 알고 있는 '주의력결핍 과잉행동 장애(Attention deficit/Hyperactivity disorder, ADHD)'에 대해 알아보고자 합니다. 요즘은 주의력결핍과 과잉행동 장애를 나누어 이야기하기도 하는데, 꼭 알아야 할 일반적인 설명만 하고 넘어가겠습니다.

산만함과 ADHD를 구별하는 세 가지 특징

　주의력결핍 과잉행동은 나이가 어린 아이들에게는 쉽게 나타날 수 있는 현상입니다. 전 세계적으로 유병률은 약 5%로 보고되고 있다고 합니다. 대개는 7세 이전 아동에게서 많이 발생합니다.

　ADHD를 구분하는 세 가지는 '주의 산만', '과잉 행동', '충동성'입니다. 주의 산만은 한 가지 활동에 주의를 기울이지 못하며, 주의를 기울이는 시간도 짧습니다. 과잉 행동은 어떤 행동을 끊임없이 하려고 하며 잠시도 쉬지 못하고 돌아다니거나 손을 움직이는 등의 행동을 멈추지 못합니다.

　충동성은 자신의 차례 및 순서를 지키지 못하거나, 기다리다 돌발된 행동을 보이는 것을 말합니다. 이러한 특징들이 나타나는 아이들은 학습에 어려움을 겪고, 또래 관계도 좋지 못할 가능성이 큽니다. 또한, 산만하고 과잉된 행동으로 주변인들에게 지적을 당하기 쉽고, 분노가 쌓이거나 자존감이 떨어지는 등 어려움을 겪을 수 있습니다. 하지만 유아기 아이들의 산만함을 보고 ADHD를 판단하지는 않습니다. 자라나는 유아들은 세상을 향한 호기심이 강합니다. 신체 발달이 활발히 일어나는 시기이므로 에너지를 충분히 발산해야 하며, 다양한 경험을 통해 짧은 주의력 시간이 점점 더 길어질 수 있기 때문입니다.

그래도 혹시 우리 아이가 ADHD의 성향을 보이는 건 아닌지 걱정될 때에는 7세 이후 진단해 보시길 바랍니다. 아래에서 1~2가지 이상 해당이 될 때에는 진단을 받아보는 것도 좋습니다.

ADHD 체크리스트

- 학습 활동을 거부하는 경우가 많다.
- 정해진 규칙이나 지시를 따르지 않는 경우가 많다.
- 착석하여 무언가 하는 것을 어려워한다.
- 자기 물건을 자주 잃어버린다.
- 약속을 자주 잊어버린다.
- 친구에게 직설적이고, 괴롭히는 경우가 있다.
- 대화 주고받기 시 주제 유지가 어렵고, 갑자기 다른 이야기를 하는 경우가 많다.
- 선생님으로부터 아이의 주의력이나 행동에 대한 부정적인 언급이 있다.
- 갑자기 화를 내거나 지나치게 분노하는 경우가 많다.
- 방금 들은 이야기도 잊어버리고 다시 이야기하는 것에 어려움이 있다.
- 화가 나면 물건을 던지거나 손으로 치는 공격적인 행동을 보인다.

주의력이 산만하거나 과잉행동을 보이는 아이들은 자주 실수하곤 합니다. 또한, 감정을 참지 못하고 갑자기 화를 내거나 약간의 공격적인 성향의 말이나 행동을 보이기도 합니다. 이런 경우 아이를 다그치기보다 어떻게 해야 하는지 알려주고, 무엇 때문에 화가 났는지 이야기를 들어야 합니다.

먼저 아이의 마음을 읽어 준 후, 대체 행동과 말을 이야기해 주세요. 그리고 아이의 자존감과 자기 효능감을 높여줘야 하며, 또래 관계와 학습에 어려움이 없게 도와주어야 할 것입니다. 필요하다면, 소아정신과를 방문하여 면밀한 진단과 함께 약물 치료를 병행하는 것이 바람직합니다.

아이의 말문을 여는 법

ADHD를 구분하는 세 가지는 '주의 산만', '과잉 행동', '충동성'입니다. 과잉된 행동으로 쉽게 지적을 당하기 쉽고, 분노가 쌓이거나 자존감이 떨어지는 등 어려움을 겪을 수 있습니다.

아이의 느린 발달은 부모의 탓이 아니다

우리가 의사소통을 말할 때 필수로 생각해야 하는 것이 바로 '상호작용'입니다. 상호작용은 언어적이든, 비언어적이든 어떠한 형태로든 상대방과 서로 교류함을 말하지요.

상호작용의 제일 첫걸음, 기본 중의 기본이 바로 '눈맞춤'입니다. 눈맞춤은 사회성에 매우 중요한 기본 기능입니다. "우리 아이가 너무 부끄러워서 낯선 사람과 눈을 잘 안 마주쳐요"라는 이야기를 많이 들었습니다. 정말 부끄러움이 많아서 눈을 못 마주치는 것이라면, 적어도 친숙한 가족들에게는 눈맞춤에 '늘' 어려움이 없어야 합니다. 매번 성공해야 하고 간헐적인 성공은 허용될 수 없습니다.

우리 아이가 아기 때부터 눈맞춤을 어려워했는지, 12개월, 24개월까지는 잘 맞춘 것 같은데 그 이후로 점점 어려워졌는지 곰곰이 생각해야 합니다. 어떤 경우라도 계속해서 눈맞춤에 어려움을 겪는다면, 아이에 대해 자세히 살펴볼 필요가 있습니다. 늘 일관적으로 눈맞춤이 되지 않으면 당연히 어떠한 문제가 있다는 것을 알 수 있습니다.

아이의 눈맞춤이 걱정된다면

어떤 경우는, 눈맞춤이 되긴 하는데 도통 일관성이 보이지 않기도 합니다. 자신이 원할 때, 요구할 때는 자발적인 눈맞춤을 잘하고, 그 외에 아이에게 말을 걸고 무언가 요구할 때 아이가 시선을 회피하면 판단하기에 어려울 수 있습니다. 한편 말을 못 하면서 눈맞춤이 안 되는 경우는 바로 문제가 있는지 의심할 수 있습니다. 우리 아이의 눈 마주침의 점검은 다음과 같이 해 보세요.

우리 아이 눈 마주침 점검하기

- 아이의 얼굴을 웃는 얼굴로 3초 이상 바라보세요. 아이가 엄마나 아빠의 얼굴처럼 미소가 번지는지, 시선 유지를 같이할 수 있는지 확인해

보세요.
- 아이가 자기의 이름에 반응하며 얼굴을 쳐다보는지 확인해 보세요. 눈 마주침과 더불어 호명 반응도 매우 중요합니다.
- 다른 사람들의 얼굴을 쳐다보며 인사하는지 살펴보세요. 만약 눈 마주침과 더불어 인사하기를 어려워한다면 아이에게 인사를 계속 알려주세요.
- 일상 중 빈번하게 일어나는 식사 시간, 목욕 시간 등에 아이가 눈을 마주치는지 확인하세요. 식사하고 목욕하는 일에만 집중하면 아이의 반응과 표현을 간과하기 쉽습니다.
- 아침에 일어났을 때 부모님의 얼굴을 보며 웃는지 확인해 보세요. 배시시 웃으며 기분 좋게 일어나야 합니다.
- 영상통화 시 아이의 눈을 잘 관찰해 보세요. 아이가 화면 속 얼굴에 집중하고 있는지 확인해 보세요.

사실, 아이의 눈 마주침이 좋지 않다면 속으로 약간의 의심을 하게 됩니다. 그러나 계속해서 '아닐 거야'라는 주문을 외우기도 합니다. 우리 아이가 좀 유별나서, 우리 아이가 좀 행동이 거칠어서라고 믿고 애써 외면하시는 부모들도 있습니다.

애써 외면한 부분들이 쌓이고 쌓여 언젠가는 외면할 수 없는 순간이 오는 경우도 있습니다. 그런 순간에 부모가 후회와 죄책감에 빠지지 않도록 돕는 것이 이 책이 만들어진 이유입니다. 제가 초기 상담을 진행하며 항상 하는 말이 있습니다.

"절대로 부모님 탓이 아닙니다."

이렇게 말씀드리면 아주 많은 분이 눈물을 글썽이며 고맙다고 말씀하십니다. 정말로 누구의 탓이 아닙니다. 부모님의 탓도 아이의 탓도 아닙니다. 단지 그냥 그렇게 되었을 뿐입니다. 우리 아이의 눈 마주침이 의심된다면, 이제부터 조금씩 천천히 도와주면 됩니다.

> **아이의 말문을 여는 법** 🔊
>
> 눈맞춤은 상호작용의 기본입니다. 아이가 가족과 친구 등과 눈 마주침을 잘 하고 있는지 자세히 살펴보아야 합니다.

언어 발달에는
이런 것이 좋아요

3. 경험

　아이의 언어와 인지 발달이 활발하게 일어나기 시작하면 부모는 욕심을 내기 쉽습니다. 우리 아이가 요즘 발달이 빠르고 좋은 것 같다고 생각이 들면 '영어를 시켜볼까? 학습지를 시켜볼까? 뭐라도 배워보게 할까?' 하고 많은 생각에 빠지게 됩니다. '집중력이 좋은 것 같은데, 책을 더 사줘야 할까? 전집을 사줘야 할까?'라고 정말 수많은 생각이 들지요.

　제가 강조하고 싶은 것은, 아이의 언어와 인지가 높아질수록 함께 경험하는 것을 많이 하라는 것입니다. 거창하게 멀리, 멋진 곳을 가서 체험하고 경험하라는 말은 아닙니다. 특별한 체험 활동이 아니라 집 앞에서라도 아이와 함께 산책하고, 보고 듣고 느끼고 많은 기억을 함께 공유하세요. 아이들은 경험을 통해서 배웁니다. 무엇이든 자기가 해 보아야 배울 수 있고, 가 보아야 배울 수 있고, 느껴 보아야 배울 수 있습니다. 집에서는 집에서 할 수 있는 경험을, 밖에서는 밖에서만 할 수 있는 경험을 많이 하길 권합니다.

현실적으로는 아이를 위해 끊임없이 새로운 경험을 시켜 주는 것이 쉽지만은 않습니다. 저도 주말에는 제 시간이 참 소중하고, 개인적으로 해야 할 일이 왜 이리 많은지, 더 많은 경험을 시켜주지 못하는 느낌이라 항상 미안한 마음뿐입니다. 그 대신 할머니, 할아버지가 경험을 채워 주고 있으니 그래도 참 다행입니다.

경험에서 또 강조하고 싶은 것이 있습니다. 그것은 바로 '성공의 경험'입니다. 거창한 성공이 아닌, 소소하지만 아이들이 직접 완수할 수 있는 성공을 말합니다. 예를 들어, 아이가 혼자서는 열 수 없는 뚜껑을 어떻게든 열고 싶어 안간힘을 씁니다. 그럼 어른들은 손쉽게 그 뚜껑을 따주겠지요. 아이는 자신은 열 수 없고 어른은 손쉽게 열 수 있는 뚜껑을 굉장히 열고 싶어 합니다. 그 욕구는 정말 최고이지요. 그럼 우리는 아이가 성공할 수 있게 반쯤 열어준 다음 아이에게 건네줍니다. 아이는 이어받아 결국은 뚜껑을 열고 마는 성공을 경험합니다. 다음에는 처음부터 조금 더 쉽게 열 수 있는 뚜껑을 제시하여 스스로 완전히 성공할 수 있게 도와줍니다. 아이는 스스로 해냈다는 성취감과 기쁨을 느끼며 성장할 것입니다.

아이의 성공을 위해 우리는 행동으로 도와줄 수도 있지만, 언어로도 충분히 도와줄 수 있습니다. 아이가 잘 할 수 있도록 쉽게 설명하고, 단계별로 설명하고, 어떻게 해야 더 손쉽게 성공할 수 있는지 힌트나 팁을 알려 줄 수 있습니다.

또 예를 들어 집에 반려견이 있다면, 강아지의 훈련을 아이가 직접 시켜보는 것도 도움이 됩니다. 강아지가 짖을 때 아이가 간식을 주도록 합니다. 강아지는 간식 앞에서 '앉아' 표현에 잘 반응합니다. 아이가 스스로 '앉아'라고 이야기한 후 '옳지'하며 간식을 던져주는 아주 간단한 훈련을 함께하는 것도 좋습니다. 내가 말을 하면, 강아지도 알아듣고 행동한다는 것은 아이에게도 꽤 흥미롭고 의미 있는 활동이 됩니다.

아이가 처음에는 어른의 말을 완전히 이해하지 못했다 하더라도 반복적으로 그러한 설명을 듣는 경험 자체도 아이를 성장하게 만듭니다. 3세만 되어도 아이는 무엇이든 혼자 해 보려고 하는 '내가 병'에 걸리고 맙니다. 그럴 때 힘들어하지 마시고, '그래, 네가 한번 해 보렴' 하며 성장할 수 있게 아이를 도와주길 바랍니다.

4장

"아이의 말문을 여는 법, 따라 하세요"

말이 트이는 비법

서툴어도 정확한 발음이 중요하다

 아이들의 언어에서 '발음'은 엄마들의 주요 관심사 중 하나입니다. 언어재활에서는 발음을 '조음'이라고 부릅니다. 아이들의 발음은 36개월에서 48개월 사이 명확해집니다. 36개월 이전에는 짧은 소리가 나거나 생략하는 경우가 흔합니다.

 신체가 발달하면서 소근육과 미세 근육도 발달하여 점점 더 자음을 발음하는 정확도가 높아집니다. 자음을 얼마나 정확하게 구사하는가에 대한 정확도뿐만 아니라 중요한 것은 '명료도'입니다. 명료도란 대화 상대방이 아이의 발화를 얼마나 잘 알아듣는가를 나타냅니다. 아이의 발음이 부정확하더라도, 의미가 잘 전달되어 알아들을 수 있다면 명료도는 높다고 판단합니다. 대표적으로 마찰음 /ㅅ/의 조음을 잘 하지 못하고 치경음 /ㄷ/로 대치하여도 알아듣는 데 어려움은 없습니다. 아이가 '사탕'을 '타탕'으로, '사진'을 '타딘'으로 발음해도 쉽게 알아들을 수 있지요. 아이들의 귀여운 발음은 자연스럽게 점점 정확해집니다 그러나 어떤 아이들은 조음의 정확성이 높아지지 않고, 명료도 또한 좋지 않아 타인과 교류할 때 많은 어려움을 겪을 수 있습니다. 아이들의 자음 발달을 살펴보면 다음과 같습니다.

자음의 발달 연령

	완전습득연령 (정확도 95~100%)	숙달연령 (정확도 75~94%)	관습적연령 (정확도 50~74%)	출현연령 (정확도 25~49%)
2~2세 11개월	ㅍ,ㅁ,ㅇ	ㅂ,ㅃ,ㄴ,ㄷ,ㄸ, ㅌ,ㄱ,ㄲ,ㅋ,ㅎ	ㅈ,ㅉ,ㅊ,ㅌ	ㅅ,ㅆ
3~3세 11개월	ㅂ,ㅃ,ㄸ,ㅌ	ㅈ,ㅉ,ㅊ,ㅆ	ㅅ	
4~4세 11개월	ㄴ,ㄲ,ㄷ	ㅅ		
5~5세 11개월	ㄱ,ㅋ,ㅈ,ㅉ	ㄹ		
6~6세 11개월	ㅅ			

(출처: 김영태 저, '아동 언어장애의 진단 및 치료', 학지사, 2014)

아이의 발음, 언제 명확해질까?

제일 먼저 발달하는 소리가 바로 '입술소리'입니다. 입술을 부딪쳐 낸다고 해서 '양순음'이라 부르는데, 아이들은 아기 때부터 투레질로 양순음 소리를 내기 위한 밑 작업을 모두 끝냈습니다. 그래서 첫 낱말도 입술소리인 '엄마'나 '아빠'입니다. 전 세계 공통으로 엄마를 나타내는 말들이 모두 양순음인 것을 보면 입술소리는 아가들이 낼 수 있는 가장 쉬운 소리인 것은 틀림없습니다.

양순음 소리 이후에는 아이들이 혀를 사용하여 자음을 내기 시작합니다. 혀를 윗니 뒷부분과 닿아 소리내서 치경음이라 부르는데, /ㄷ/계열과 비음 /ㄴ/이 여기에 해당합니다.

자음의 발달은 점점 혀 앞쪽에서 뒤쪽으로 넘어가게 됩니다. 그 이후 아이들은 혓등을 입천장에 닿아 소리를 내는 경구개음 /ㄱ/계열 자음을 산출할 수 있습니다. 그리고 혀의 운동성이 증가함에 따라 유음/ㄹ/ 자음을 산출할 수 있게 되고, 거기에 더하여 바람 소리인 파찰음 /ㅈ/계열, 마찰음/ㅅ/소리가 마지막으로 완성됩니다. 난이도로 따지면 마찰음 /ㅅ/계열 자음들이 제일 어렵습니다. 그만큼 오류를 범할 가능성이 큰 자음입니다.

간혹 성인 중에서도 마찰음 소리를 제대로 조음하지 못하거나 왜곡하여 조음하는 경우를 보셨을 것입니다. 또한, 혀의 운동성과 길이 때문에 유음 /ㄹ/을 제대로 발음하지 못하는 경우도 있습니다. 하지만 혀 길이는 생각보다 발음에 큰 영향을 끼치지는 않습니다. 설소대가 지나치게 발달하거나 짧아 혀의 운동을 방해하고 하트 혀가 되지 않는 이상 중대 원인이 아닙니다. 그보다 혀를 정확하게 모으고 올리는 운동성이 /ㄹ/발음에 영향을 많이 줍니다.

발음이 이상한데 언어 치료를 받아야 할까?

36개월 이전에 아이의 발음이 염려되어 치료실을 찾아오는 경우는 드물며, 대부분 아이가 36개월에서 48개월 사이 치료실을 찾아 상담 받는 경우가 많습니다.

36개월 이후, 아이의 발음이 정확하지 않고 알아들을 수 있는 명료도가 낮다면 전문가의 도움을 받아 아이의 조음을 빨리 개선할 필요가 있습니다. 아이의 발음이 어떤 식으로 이상한가를 한번 점검해 보아야 합니다. 앞에서 제시한 자음의 발달 연령을 참고하여, 우리 아이의 개월 수에 맞는 자음이 산출되는지 확인해 보아야 합니다.

자음이 산출되더라도, 어느 특정 위치에서 초성 자음은 산출이 되지만, 종성 자음은 산출이 되지 않는 경우가 있습니다. 또한 말소리 중간 어중초성에 위치한 자음은 거의 생략하거나 대치하는 등의 오류가 빈번하다면 치료를 고려할지 생각해 보아야 합니다.

어중초성에 위치한 자음을 거의 생략하거나 대치하는 오류

비음 /ㄴ,ㅁ/ : '나무'는 발음할 수 있지만, '난', '몸', '반', '감' 등의 종성 /ㄴ,ㅁ/이 생략되거나 다른 종성으로 대치되는 경우.

파열음 /ㅂ,ㄷ,ㄱ/ : '바다', '구두'는 발음 할 수 있지만, '밥', '옷', '목' 등의 종성 /ㅂ,ㄷ,ㄱ/가 생략되거나 대치되는 경우.

또한 앞, 뒤의 자음의 영향으로 동화현상이 빈번하게 일어난다면 확인해 보아야 합니다. 예를 들어, '나무'를 '마무' 또는 '나누'로 발음하는 경우입니다. 이러한 동화현상은 36개월 전에는 빈번하게 일어날 수 있습니다.

어떤 아이들은 자음의 평음들은 잘 산출되지만 격음(/ㅋ,ㅌ,ㅍ,ㅊ/), 경음(/ㄲ,ㅃ,ㅉ,ㄸ,ㄲ,ㅆ/)은 제대로 산출하지 못하기도 합니다. 또한 양순음(/ㅂ,ㅃ,ㅍ,ㅁ/)과 치경음(/ㄷ,ㄸ,ㅌ,ㄴ/)은 산출하지만, 연구개음(/ㄱ,ㄲ,ㅋ/), 마찰음(/ㅅ,ㅆ/)과 파찰음(/ㅈ,ㅉ,ㅊ/)을 산출하지 못하는 등 아주 다양한 경우가 있습니다.

아이가 조음을 못 하는 원인이 어디에 있는가를 자세히 살펴야 조음의 치료 예후를 예측할 수 있습니다. 단순히 아이의 구강구조 기능상의 문제인지, 음운론적인 더 고차원적 문제가 원인인지에 따라 예후가 달라집니다.

음운론적으로 문제가 있는 경우는, 아이가 자음 및 모음 등의 음소들을 인식하는 것에 어려움을 가져 정확히 산출하지 못하는 경우입니다. 예를 들어 비음 /ㄴ/과 /ㅁ/의 정확한 변별을 어려워할 수 있습니다.

청각적인 어려움과는 다른, 뇌에서 비슷한 자질을 가진 음소를 정확히 인식하는 데 어려움을 가진 경우입니다. 이 경우는 추후 7세에 한글을 배울 때 어려움이 나타날 확률이 높습니다.

또한 오류의 형태가 어떤가에 따라서도 예후는 달라집니다. 오류의 종류는 생략, 대치, 첨가, 왜곡으로 나눌 수 있습니다. 대치의 종류에 따라 달라지기도 하며, 오류의 일관성과 비일관성에 따라서도 예후가 달라집니다.

조음 오류의 원인이 구강 구조상의 기능이라면 아이에게 기능적 훈련이 되도록 구강 운동 및 혀 운동에 초점을 맞추어 진행하고, 음운론적 어려움에 있다면 자모음을 정확히 듣고 인식하는 능력부터 키워주어야 할 것입니다.

7세 아동이 마찰음 오류를 보일 때

　많은 아이가 조음에 어려움을 겪어 치료실을 내원하고, 조음음운평가를 받게 됩니다. 자모음의 정확도를 측정할 뿐만 아니라, 오류의 형태를 분석하고, 또래와의 규준을 비교하여 치료를 결정하게 됩니다. 극적으로 예를 들면 3세 아동이 마찰음 /ㅅ/의 오류를 보여 치료실을 찾는다면 검사를 받기도 전에 집으로 돌아가 소근육 활동을 많이 할 것을 권고받을 것입니다.

　반대로, 7세 아동이 마찰음 /ㅅ/의 오류를 보여 치료실을 찾는다면 바로 검사를 진행한 후 어떤 접근법으로 훈련할지, 어떤 활동을 할지 상담 받아야 할 것입니다.

　치료를 진행할 것인가에 대한 기준은 공식 검사를 통해 또래와 비교하고 백분위 수로 결정할 수도 있습니다. 하지만 간단한 초기 상담만으로도 아이의 조음 상황을 살펴보고 검사를 진행할지, 부모 상담만 하고 끝날지 언어재활사 대부분은 판단할 수 있습니다.

　아이의 발음이 너무 걱정된다면, 가까운 언어센터를 방문하여 상담 받아볼 것을 권합니다. 다음에 해당하는 아이는 조음 치료가 필요할 수 있습니다.

치료를 고려해야 하는 경우

- 구순구개열 아동
- 청각장애 아동
- 뇌 손상, 뇌 병변 아동
- 모음의 오류가 있어 명료도가 떨어지는 아동
- 입술을 부딪쳐 발음하지 않는 아동
- 입술 및 혀의 운동성이 떨어지는 아동
- 침을 자주 많이 흘리는 아동
- 저작(씹기)을 잘 하지 못하는 아동

아이의 말문을 여는 법

아이의 발음은 36~48개월 사이에 명확해집니다. 36개월 이후, 아이의 발음이 정확하지 않고 명료도가 낮다면 전문가의 도움을 받아 아이의 조음을 빨리 개선해 줄 필요가 있습니다.

아이의
성장 과정에
비밀이 있다

아주 드문 일이긴 하지만, 드러나지 않은 '구개열'을 가진 아동이 있을 수 있습니다.

태아는 임신 8주경이면 얼굴 윤곽이 완성되고 입술도 형성하게 됩니다. 9주가 되면 좌우 구순 돌기가 형성되어 위턱이 만들어지는데, 이때 여러 가지 이유로 입술이 닫히지 않거나, 입천장이 닫히지 않는 구순구개열 증상을 가지고 태어나는 아이가 있습니다. 이런 경우 외과 수술로 아이의 입술과 입천장을 봉합하게 됩니다. 그런데 어떤 아이들은 외관적으로 보이는 입술과 입천장 연구개는 잘 형성되었는데, 경구개(입천장 뼈)가 제대로 형성되지 않은 채 태어날 수 있습니다. 연구개 점막은 형성되어있으나 뼈가 제대로 붙지 못하여 문제가 있을 수 있습니다. 이런 증상을 '점막하구개파열'이라고 부르는데, 조기 발견이 매우 어렵습니다. 그렇다면 어떤 경우 점막하구개파열을 의심해볼 수 있을까요?

아이가 모유를 빨거나 분유를 빨 때 켁켁거리는 것은 자연스러울 수 있으나, 점막하구개파열인 경우에는 수유할 때 문제가 더 많이 발생할 수 있습니다. 또한 입천장을 불을 비추어 들여다보면 입천장이 투명 막처럼 반사되거나, 하얗게 보일 수도 있습니다. 그리고 제일 흔하게 목젖 갈라짐을 관찰할 수 있습니다. 평소에 그냥 볼 때는 목젖이 잘 붙어있는 것처럼 보일 수 있으나 자세히 관찰하면 목젖의 맨 끝이 나누어져 있음을 확인할 수 있습니다.

제가 맡았던 아동 중 6세까지 말소리 표현을 잘 하지 못하고 손과 몸짓으로만 표현하던 아이가 있었는데, 입을 벌려 구강 구조를 살피던 중 목젖이 갈라져 있는 것을 확인했습니다. 아이는 파열음의 산출을 매우 어려워했으며, 말소리 표현이 가능해졌을 때도 과다비성의 특징이 나타났습니다.

점막하구개파열이 있다 하더라도 언어 발달이 잘 이루어지는 아이도 있으며, 언어 발달은 잘 이루어져도 조음에서 '과다비성' 또는 '과소비성'의 특성을 보이는 아동이 있을 수 있습니다. 과다비성은 지나치게 비음을 많이 내는 것이고, 과소비성은 비음을 산출하데 어려움이 있을 수 있습니다.

과도한 콧소리가 성장에 영향을 주는 이유

또 아이의 콧소리에 영향을 주는 것이 있습니다. 바로 '아데노이드'입니다. 아이들에게 아데노이드는 흔하게 발견되는 인두편도 조직구조입니다. 아동기에는 흔하게 과하게 부풀어 오르는데, 6~7세경 가장 비대하게 커질 수 있습니다. 이후 아데노이드는 자연스럽게 크기가 감소합니다. 아데노이드가 커져 있다고 반드시 문제가 발생하는 것은 아니지만, 비정상적으로 커진 아데노이드로 인하여 여러 문제가 발생할 수 있습니다.

성장 발육에 영향을 끼칠 수 있고, 조음 시 콧소리를 쓸 때 적절하게 기능하지 못하는 문제가 발생할 수 있습니다. 이런 경우 아데노이드가 커져 코로 지나가는 공기들의 흐름에 방해를 받아 아동의 음성에서 쿵쿵거리는 특징이 나타나거나, 웅웅거리는 듯한 인상을 주기도 합니다. 또한 코골이 현상이나, 코로 숨을 쉬지 못하고 입으로 숨 쉬는 등의 문제도 발생할 수 있습니다. 심하면 수술적 처치가 필요해 의사의 정확한 진단이 필요합니다.

아이는 말하기를 너무 좋아하는데, 명료도가 낮아 알아들을 수 없다면 난처할 것입니다. 아이의 말에 응답은 해야 하고, 그렇다고 매번 아이에게 다시 말하라고 하거나 똑바로 말하라고 하는 것도 난처합니다.

아이의 발음으로 인하여 주 양육자인 엄마 아빠도 아이의 말을 알아듣기가 어렵다면 빨리 조음 치료를 진행해야 합니다. 조음 치료를 받더라도 아이의 말이 하루아침에 좋아지는 것이 아니므로 이럴 경우 어떻게 대처하고 행동해야 하는지 살펴보도록 합니다.

허스키하고 쉰 목소리가 나는 아이

아이들은 누구라도 쉽게 흥분하고 소리를 지르며 울고 고집을 부립니다. 악을 쓰고 울고, 집이 떠나가라 울고, 참 서럽게도 웁니다. 그렇게 많이 울고 소리를 지르면 목이 쉰 소리가 나기 쉽습니다. 이러한 일을 바로 '음성 남용'이라고 합니다. 허스키하고 쉰 소리가 나는 원인에는 '음성 남용'과 '음성 오용'이 있습니다. 남용은 음성을 과도하게 사용하는 것을 말하며, 오용은 음성을 부적절하게 사용하는 것을 말합니다. 우리 어른들도 생활 속에서 쉽게 '음성 오·남용'을 저지릅니다.

음성 남용의 사례로는 기침을 자주 하거나 목청을 자주 가다듬는 행동, 지나치게 크게 울거나 웃기, 흡연 등을 꼽을 수 있습니다. 그래서 감기에 걸려 기침을 자주 하게 되면, 더욱더 쉰 소리가 나게 될 수 있습니다. 또한 흡연으로 인하여 목의 건조함을 느끼면 목청을 자주 가다듬게 되어 성대에 무리를 주게 됩니다.

음성 오용의 사례로는 지나치게 큰 소리로 말하거나, 지나치게 많이 말하기, 부적절한 음도로 말하기, 목에 힘을 주어 강한 소리로 말하는 것을 꼽을 수 있습니다. 음성 남용과 오용 모두 성대에 힘을 주게 되고, 무리하게 부딪혀 소리를 내다보면 성대에 많은 문제를 불러일으킵니다.

음성을 오남용하는 아이들은 주로 외상성 후두염이나, 성대 폴립, 성대 결절 등이 쉽게 발생할 수 있습니다. 우리 아이의 목소리가 허스키하고 쉰 소리가 많이 난다면 다음과 같이 문제를 해결해 주어야 합니다.

아이의 목에 휴식을 주는 법

- 이비인후과 진료
- 음성 휴식(Voice rest)
- 충분한 수분 섭취
- 충분한 수면
- 큰 소리로 말하지 않기

- 소리를 지르지 않기
- 초콜릿 등 목을 건조하게 만드는 음식물 섭취 금지

　어린아이에게 음성 휴식이나, 소리를 지르지 않게 하는 것은 다소 불가능해 보입니다. 하지만 아이에게 현재 목소리 상태를 설명하고 큰소리 내지 않을 것을 약속하고 지키도록 안내해야 합니다. 제일 중요한 것은 물을 많이 마셔서 성대가 마르지 않게 합니다. 또한, 충분한 수면으로 아이의 목이 회복할 시간을 주는 것이 중요합니다. 자는 동안에는 아이가 말하지 않으니까요.

　초콜릿 등 카카오 성분이 들어간 음식은 피하는 것이 좋습니다. 어른도 마찬가지입니다. 목 상태가 좋지 않다면, 카페인이 없는 음료를 마시고, 충분한 수분 섭취와 수면은 필수입니다.

아이의 말문을 여는 법 🔊

드물지만, 외관으로 드러나지 않는 구개열 증상인 점막하구개파열이 있습니다. 이로 인해 과다비성이나 과소비성의 특성을 보일 수 있습니다. 이런 경우 반드시 소아 전문 이비인후과에서 진찰과 상담을 받아야 합니다.

말할 때
긴장하거나
말을 더듬는다면

언어치료실을 많이 찾는 이유 중 하나에는 '유창성'의 어려움도 있습니다. 일명 '말더듬'이라는 현상인데, 이것을 유창성과 비유창성으로 표현합니다. 아이가 유창하게 말을 할 수 있는가, 아니면 말을 반복하며 한 번에 말하기 어려워하는 비유창성을 보이는지가 관건이지요.

자라나는 모든 아이는 정상적인 비유창성을 경험합니다. 정상적인 비유창성 없이 단번에 말을 잘하게 되는 아이는 아마 없을 것입니다. 언어 발달 중에 일어나는 정상적인 비유창성에는 어떤 것들이 있는지 살펴보면 다음과 같습니다.

정상적인 비유창성

- 긴장성을 동반하지 않아야 함
- 말하기 위해 생각하며 나오는 간투사
- 단어, 어절 단위의 반복
- 자신의 비유창성을 눈치 채지 않아야 함

정상적인 말더듬일까?

말더듬증에서는 '긴장성'이 중요합니다. 일단 아이가 '긴장을 하고 있다'라고 스스로 자각을 하거나, 타인이 보기에 긴장을 하는 것 같다면, 아이가 어려움을 겪고 있다고 생각해야 합니다. 말하기 전에 긴장한다면, 생각이 좀처럼 잘 떠오르지 않거나, 말을 하는데 지나치게 힘을 주어 쉽게 피로도가 높아질 수 있습니다. 생각은 잘 되어도 근육이 긴장되면 말소리 연쇄(말할 것을 생각하고, 어떻게 조음해야 하는지 뇌에서 구강 근육과 성대에 지시를 내리고, 실제로 움직여 말소리를 산출하는 일련의 과정)에서 붕괴가 일어날 수 있습니다.

'간투사'는 말과 말 사이 또는 말하기 전에 나오는 생각과 느낌을 나타내는 말입니다. 주로 감탄사, 놀람 등 느낌을 나타내거나, 짧은 응답, 대답에 쓰이는 말입니다. 대부분 아이는 어떤 생각을 하기 전에 '어~ 어~'하며 이야기를 이어나가려 합니다.(있잖아, 음, 어, 그게, 아 등) 이러한 간투사는 정상적이고 자연스러운 행동입니다. 앞서 말했듯, 간투사를 쓸 때도 긴장성이 동반된다면 이것은 정상적 비유창성이 아닌, 비정상적 비유창성으로 보아야 합니다. 여기에 막힘이 동반되거나 부수 행동(눈을 깜빡거리거나, 손을 움직이거나 하는 행동)이 나타나면 상황은 심각한 쪽에 해당합니다.

반복이 나타날 때 단위는 어떠한지 살펴보는 것도 중요합니다. 아이의 반복 단위가 단어 또는 어절(엄마 엄마가, 다시 다시 등)이라고 하면, 말을 다시 수정하거나 이어나가기 위해 나오는 정상적 비유창성입니다. 하지만 음절 단위(엄엄엄엄마가, 다다다다시 등)이거나, 음소 단위(어어어엄마가, ㄷㄷㄷ다시) 등 더 작은 단위로 반복한다면 유창성에 어려움이 있는 상태라고 보아야 합니다. 또한 반복의 횟수가 중요한데, 1~2번 반복보다 3~4번 반복을 보이는 경우가 더 힘들어하는 상황입니다. 막힘이 동반되면서 1~2번 반복하는 경우도 유창성에 어려움을 겪고 있는 것입니다.

스스로 비유창성에 눈치를 채면 아이는 자신감 하락, 말을 회피하려는 행동을 보이거나, 비유창성에서 탈출하려는 등의 부수 행동을 보이게 됩니다. 그래서 말소리를 연장하려 하거나(어~~~어엄마가, 다~~시 등), 대답을 할 수 있음에도 대답을 하지 않는 회피 증상, 말을 더듬는 순간 머리를 치거나 몸을 흔드는 등의 부수 행동이 나올 수 있습니다.

보통의 경우 언어 발달상 나타나는 정상적 비유창성은 그 시기가 매우 짧아 어른들이 눈치 채지 못하고 지나가는 경우가 많습니다. 또 실제로 비유창성을 걱정하는 엄마, 아빠로부터 비유창성이 시작되는 때도 있습니다. 아동의 비유창성은 흔히 나타날 수 있으며, 위에 언급한 사항들이 내 아이에게 해당한다면 언어재활사와 상담하고 부모 교육을 받아볼 것을 권해 드립니다.

말더듬으로 치료실을 방문하고 싶다면

앞에서 언급한 긴장성, 음절 및 음소 단위 반복, 연장, 막힘, 회피 및 탈출 부수 행동 등이 관찰된다면 반드시 언어치료실을 찾아 정확한 진단과 함께 중재를 받아야 합니다. 중재에는 아동과 치료사의 직접치료와 부모 교육인 간접치료가 있습니다. 아직 연장, 막힘 등의 행동은 관찰되지 않고, 긴장성이나 자신이 말을 더듬고 있다는 사실을 모르면 부모 교육을 통해 중재합니다.

실생활 연령이 낮을수록 직접치료보다 부모 및 주 양육자가 참여하는 부모 교육을 권합니다. 아이가 어리다면, 정상적 비유창성에서 유발된 경우거나 주 양육자가 지나치게 민감한 경우이므로 아동을 둘러싼 언어 환경을 바꿔주는 것만으로도 확실한 효과를 볼 수 있습니다.

아동이 스스로 말더듬증을 인식하거나 긴장성 동반, 연장, 막힘, 부수 행동이 나타난다면 직접치료를 통하여 비유창성을 감소시키거나 소거시키고(자발적인 유창성), 심한 경우에는 스스로 말더듬을 조절하는 훈련(조절 유창성)을 해야 합니다. 말더듬에 둔감화되고 편안한 마음으로 발화(수용 말더듬)하도록 도와주어야 합니다.

치료를 고려할 때는 반드시 어린이집, 유치원 담임 선생님과 상담해 보아야 합니다. 아이의 비유창성이 집에서만 증가하고 있는지, 또래 아이들과 상호작용할 때도 어려움을 겪는지, 아이의 말더듬을 선생님이 알고 있는지 자세히 확인하는 것이 좋습니다.

엄마 아빠가 보기에 아이가 말을 더듬고 있는 것처럼 보여도, 어린이집이나 유치원 선생님은 전혀 그렇게 생각하고 있지 않은 경우도 있습니다. 또한 대화 상대자가 누구냐에 따라 비유창성의 횟수와 양상이 다른 경우가 있습니다. 이럴 때는 말을 더듬는 요인이 심리적인 것인지에 대해 확인할 수 있습니다.

어떤 아이는 또래 아동에게는 전혀 부담감을 느끼지 않아 비유창성이 관찰되지 않지만, 성인에게는 긴장하며 말합니다. 또 다른 아이는 어른들에게는 말을 잘 하지만, 또래와 소통에 할 때에는 긴장하며 말하기를 매우 힘들어하기도 합니다.

말더듬으로 인해 언어치료실을 찾을 때는 되도록 경력과 사례 수가 많은 언어재활사나 유창성 전문 과정을 수료한 언어재활사를 찾아가는 것이 좋습니다. 말더듬만 보는 전문 기관이 있지만, 그 수가 많지 않고 대기 기간이 길어서 중재의 골든타임을 놓칠 수 있습니다.

중재에 앞서 정확한 진단 평가가 선행되어야 하는데, 아이의 말더듬 증상이 어떤 상태인지 언어 전반에 걸쳐 확인하는 작업이 필요합니다. 언어 지연이 함께 동반되어 비유창성이 나타나는지, 조음음운 장애가 함께 동반되는지, 말더듬 양상이 말 빠름증인지 진단받고 그에 맞는 치료법으로 중재해야 하기 때문입니다.

아이의 말더듬에서 긴장성과 심리적인 부담감이 크게 작용하고 있다면, 놀이치료나 미술치료 등 심리적인 지원을 함께 해 주는 것도 큰 도움이 됩니다. 아이가 비유창성으로 인하여 스트레스를 받고 있거나, 스트레스가 심하여 비유창성이 나오는 경우에는 아이의 마음을 읽어 주고 심리적인 어려움을 해결해 줄 기타 치료들이 고려되기도 합니다.

상담하다 보면, 치료를 얼마나 받아야 하는지에 대한 질문도 많이 받습니다. 짧게는 몇 회기만을 받을 수도 있고 길게는 몇 달씩 걸리는 경우도 있습니다. 무엇보다 중요한 것은 아이를 신뢰하고, 편안하게 따라가 주는 것입니다.

아이가 말을 더듬을 때 어떻게 해야 할까?

아이의 비유창성 중재 목표가 수용 말더듬이라면 담당 치료사와 상의하여 몇 가지를 아이에게 안내할 수는 있습니다. 하지만 아이에게 직접 말더듬에 언급하며 더듬지 말라고 이야기하는 것은 되도록 하지 않는 것이 좋습니다.

아이의 말을 더듬지 않게 하는 공통적인 방법

- 아이의 발화 속도가 빠른 경우, 천천히 말해 주세요. (지나치게 느리게 금지)
- 발화 중간 적절한 휴지(쉼)를 두어 말해 주세요.
- 아이의 비유창성이 나타나도 끝까지 경청해 주세요.
- 말 더듬는 현상보다 말의 내용과 의미에 반응해 주세요.
- 더듬었던 문장을 자연스럽게 모방하며 대화를 이어 나가세요.
- 지나친 질문은 피해 주세요.
- 격려와 칭찬을 많이 해 주세요.

- 아이를 둘러싼 지인들도 함께해 달라고 요청해 주세요.
- 아이 앞에서 아이에 대한 평가나 걱정을 하지 마세요.
- 아이에게 직접적인 말더듬 언급은 삼가세요.

　위의 상황을 지키는 것만으로도 아이의 비유창성 감소에 큰 도움이 됩니다. 아이의 발화 속도가 지나치게 빨라 비유창성이 증가하는 경우는 '말빠름증'이라고 부를 수 있습니다. 이런 경우는 더더욱 말을 천천히 하는 것이 중요합니다. 부자연스럽게 천천히 말하라는 것은 절대 아닙니다.

　아이가 말을 더듬는다는 것은 말소리 연쇄의 붕괴이므로, 속도 자체를 천천히 하는 것만으로도 도움이 될 수 있습니다. 말하는 속도 자체를 느리게 할 수도 있고, 발화 사이사이 중간에 휴지를 넣어 전체적인 발화 속도를 늦출 수 있습니다. 대화 상대자가 말을 여유 있게 천천히 하면, 아이도 자연스럽게 자신의 발화 속도를 늦춰 이야기할 수 있습니다.

　아이의 말더듬을 견디기 어려워하는 부모도 있습니다. 아이가 말을 더듬는 순간을 너무 안타까워할 수도 있고, 말을 더듬지 않게 하고 싶은 마음에 중간에 끼어들어 대신 이야기해 주거나 다른 이야기로 전환하려고 할 수도 있습니다. 이러한 경우는 아이에게 좋은 영향을 줄 수 없고, 오히려 아이의 긴장감만 증대시키게 되어 더욱더 악순환을 초래할 수 있습니다. 아이의 말에 공감하고, 끝까지 경청하는 것이 절대적으로 필요합니다. 말을 더듬는 순간이 안타깝다면 차라리 아이가 힘들어했던 그 문장을 자연스럽게 따라 말하며 대화를 이어나가는 것이 도움이 될 수 있습니다. 아이의 이야기를 잘 듣고 이해했음을 알려주는 것처럼, 어른은 자연스럽게 아이의 말을 정확하게 읊어 주는 것이 좋습니다.

앞서 아이의 언어 자극을 위해서는 폐쇄형 질문보다는 개방형 질문이 좋다고 했습니다. 그러나 아이의 비유창성이 증대된 상황에서는 질문 자체의 횟수를 줄이고, 개방형보다는 폐쇄형 질문을 하여 아이의 발화 자체를 짧게 이끌어줘 유창하게 대답하는 경험을 시켜주는 것이 도움이 될 수 있습니다. 발화 길이 자체를 줄여주어 아이의 심리적 부담을 덜어주는 방법입니다.

비유창성을 많이 보이는 아이라도, 단어 수준의 짧은 대답에서는 비유창성이 나타나지 않을 확률이 높습니다. 아이가 대답을 길게 해야 할 상황이 많아지면, 긴 발화에 대한 압박감을 느끼며 자신이 또 말을 더듬을 것이라는 예측할 수 있습니다. 이런 경우 아이는 말더듬을 것을 예상하여 다른 행동을 보이거나 회피, 속삭임 소리로 대답하는 등의 다른 방식을 사용할 수 있습니다.

무엇보다 강조하고 싶은 것은, 아이 앞에서 아이에 대한 평가나 걱정을 절대 하지 않는 것입니다. 아이는 놀이를 하고 있다 하더라도, 귀는 열려 있을 수 있습니다. 아이가 바로 앞에 없고 다른 방에서 다른 활동을 하고 있다 하더라도 아이가 들을 수 있는 환경이라면 절대 아이에 대한 부정적 언급은 하지 않기를 바랍니다.

우리가 자주 하는 실수 중 하나는 가족 및 지인들과의 통화입니다. 어쩌다 근황을 이야기하거나 고민을 이야기하다 아이에 관한 것을 언급할 수 있습니다. 엄마 아빠의 근심이 바로 자신이라고 느끼거나, 나의 말더듬이 매우 잘못되었고 걱정을 불러일으키는 것이라고 다시 새기게 된다면 아이는 심적으로 매우 힘들 것입니다. 주변 지인들에게 아이의 상황을 알리고 간접적으로나마 도와 달라고 부탁하는 것은 아이를 위한 일이 될 수 있으나, 아이 앞에서 언급하는 것은 반드시 삼가야 합니다.

> **아이의 말문을 여는 법** 🔊
> 말더듬 치료를 고려하기 전, 먼저 아이의 유치원이나 어린이집 선생님과 상담하길 권해 드립니다. 또한 아이의 말더듬에 대한 평가나 걱정을 절대로 아이 앞에서 하지 않아야 합니다.

아이가 대화에 즐거움을 느끼게 하는 법

아이가 낯가림이 심해서 다른 사람이랑 말을 하지 않는다면 어떻게 해야 할까요? 우리 아이가 낯가림이 심한 데에는 타고난 내성적 성격, 예민한 기질, 불안정하거나 과도한 애착, 언어발달 지연 등 여러 이유가 있을 수 있습니다. 부모가 내성적인 가정은 아이도 당연히 내성적일 수밖에 없을 것입니다.

예민한 기질 또는 불안정 애착으로 타인과 소통하기 어렵다면 가족 내 애착부터, 일관된 육아부터 시작합니다. 언어가 트이지 않아서, 혹은 표현이 다소 지체되어 있어 다른 사람과 대화를 시작하기 어려워한다면 우리는 다음과 같은 도움을 줄 수 있습니다.

대화를 어려워하는 아이, 이렇게 도와주세요

- 만났을 때, 헤어질 때 반드시 인사를 하도록 합니다.
- 다른 사람과 함께 간식을 나누어 먹도록 합니다.
- 아이가 관심 있어 하는 것을 말로 표현해 주세요.('~구나' 표현)
- 사람이 너무 많은 곳은 피해 주세요.
- 소규모 친구를 집으로 초대해 주세요.
- 자주 만나는 지인의 집을 가끔 놀러가세요.
- 함께 할 활동거리를 만들어 주세요.
- 놀이터 등에서 일부러 옆 또래에게 말을 하라고 강요하지 마세요.

1) 만났을 때와 헤어질 때 반드시 인사하기

인사는 의사소통과 예절의 기본이지요. 아이가 스스로 말로 인사 표현을 하지 않는다 하더라도 "만났을 때는 '안녕하세요? 안녕?' 인사하는 거야", "손을 흔들며 인사 해보자", "고개를 끄덕이면서 인사하자", "헤어질 때도 '안녕히 계세요~ 안녕~' 인사 하는 거야", "인사를 하면 기분이 좋아져", "인사하면 너무 예뻐/멋져" 등 다양한 인사 표현을 아이에게 많이 알려 주세요. 아이가 아직 말하기 어려워한다면 "빠이빠이", "안녕" 등 비교적 짧고 쉬운 인사말을 알려 주고 행동적인 모델링을 보여줍니다.

여기서 중요한 것은 아이가 스스로 하도록 해야 하고, 만약 스스로 하지 않는다면 손을 함께 흔들며 인사합니다. 그러면 당연히 상대방도 웃으며 인사를 해 줄 것이니, 아이는 인사를 하면 서로 메시지를 주고받는다는 것을 알게 됩니다. 만났을 때 "잘 지냈어?/잘 있었니?/보고 싶었어" 등의 인사말을 추가로 전하고, 헤어질 때 "잘 가/잘 있어/또 보자/또 만나/재밌었어"라고 말합니다.

인사는 다른 사람과 소통하는 첫 번째 방법이기에 자세히 안내했습니다. 엄마, 아빠가 인사를 강조하고 서로 웃으며 자주 인사를 한다면, 아이도 인사를 하면 기분이 좋고 즐겁다는 것을 알아갈 수 있습니다.

2) 다른 사람과 함께 간식 나누어 먹기

아이가 다른 사람과 간식을 먹도록 하는 것은, 좋아하는 간식을 상대방이 나에게 주기도 하고, 내가 상대방에게 전달하는 등의 기회를 통해 '주고받기' 기능을 확장할 수 있기 때문입니다. 또한 상대방에게 고맙다고 말할 수 있는 기회가 되거나, 고마움을 받을 수 있는 기회이기 때문에 좋아하는 간식을 함께 나누어 먹는 것은 기쁜 일임을 알게 해 주어야 합니다.

간혹 간식을 너무 좋아해서, 또는 아직 타인과 나누는 것을 습득하지 못한 아이들은 절대 간식을 나누어 주려고 하지 않을 수 있습니다. 그럴 경우에는 아이가 가장 좋아하는 간식보다는 보편적인 간식을 나누어 먹어보도록 하고, 좋아하는 간식을 다른 사람이 아이에게 주도록 기회를 만들면 좋습니다. 이런 경우에는 놓치지 않고 '주세요' 표현을 연습할 수 있는 좋은 기회가 되기도 하지요. 또, 아이든 어른이든 달달하고 맛있는 간식을 먹으면 기분이 좋아지기 때문에 맛있는 것을 함께 먹는 것을 추천합니다.

3) 아이가 관심 있어 하는 것을 말로 표현하기

다른 사람들과 만났을 때, 아이는 다른 사람에게 관심을 보이지 않고 다른 장난감이나 물건에 관심을 갖고 놀 수 있습니다. 개월 수가 어리면 어릴수록 더욱 자연스러운 현상입니다. 그럴 때에는 아이가 관심 있는 것에 '자동차 장난감이 보고 싶었구나', '크레파스로 그림 그리고 싶구나', 'ㅇㅇ이 재미있구나' 등 '~구나'체를 많이 사용하며 아이의 행동을 읽어 주어 아이가 자신이 관심 받고 있음을 알게 해 주는 것이 좋습니다.

이러한 '~구나'체를 엄마나 아빠가 아닌 대상이 아이에게 사용한다면, 아이는 그 사람에게 자신이 흥미있거나 관심 있는 것을 먼저 다가가 보여줄 수 있습니다. 말을 하지 못하는 아이라도, 좋아하는 무엇인가를 옆 사람이 함께 말해 주고 표현한다면 그 사람과 친밀감을 형성할 수 있습니다.

4) 사람이 너무 많은 곳보다 집으로 소규모 친구를 초대하기

아이의 사회성이 좋지 않다고, 사람이 많은 곳을 일부러 찾아다닐 필요는 없습니다. 예민한 기질을 가지고 있는 아이는, 사람이 지나치게 많은 곳을 매우 힘들어 할 수 있습니다. 특히 청각적 예민성이 높은 아이는 소음이 심한 곳에 가게 되면 어딘가에 집중하거나 소통하기에 어려움이 있을 수 있습니다. 또한 시각 추구가 있는 아이가 조명이 많은 곳에 가게 되면 힘들어할 수 있습니다. 사회성이라는 것은 양보다는 질이 중요하며, 여러 사람을 한꺼번에 많이 만나는 것보다 1~2명과 긴밀한 소통을 할 때 더욱 발달할 수 있습니다. 그래서 소규모로 친구를 집으로 초대해서 놀거나, 자주 만나는 지인의 집을 가끔 방문하여 조용한 실내 환경에서 타인과 교류하는 기회를 갖는 것이 중요합니다.

5) 함께 할 활동거리 만들어 주기

함께 주의 집중하기, 공동 주목하기는 언어 발달에 매우 중요한 요소입니다. 사회성에서도 마찬가지입니다. 함께 만들기 활동, 예를 들어 쿠키 만들기 같은 간단하면서도 아이들이 좋아하는 만들기 활동하는 것이 좋습니다. 요즘은 만들기 키트가 매우 잘 나와 있어서 집에서 손쉽게 여러 활동을 할 수 있습니다. 처음에는 엄마 아빠와 함께 활동을 경험하다가, 나중에는 친구가 집에 놀러왔을 때 함께 해 보는 것을 추천합니다. 무엇이든 쉬운 수준에서 출발해야 아이가 받아들이는 데에 무리가 없습니다.

6) 다른 아이에게 말 걸기를 일부러 강요하지 않기

엄마들이 아이의 사회성을 늘려주기 위해 흔히 생각하는 것이 바로 '문화센터' 일 것입니다. 그러나 성인도 내성적인 사람은 아무리 함께하는 수업을 많이 다녀보아야 옆 사람과 친밀감 있게 대화하는 일은 극히 드물 수 있습니다. 그렇기에 놀이터 등에서도 일부러 다른 아이에게 말을 하라고 강요하지 않아도 됩니다. 사회성은 '자연스러운 상황'에서 발달하기 쉽습니다. 일부러 다른 사람에게 말하도록 시킨다고 사회성이 좋아지는 것은 아닙니다.

선생님이 아이에게 문제가 있다고 한다면

어린이집 선생님, 유치원 선생님은 우리 아이를 객관적으로 바라볼 수 있는 아동전문가입니다. 학령전기 또래들의 일반 발달이나 행동 특징을 잘 알고 있고, 많은 경험을 가지고 있습니다. 제가 상담할 때에도 반드시 물어보는 것이 '담임 선생님으로부터 어떤 이야기를 들어보셨나요?'입니다. 아이가 가족과 함께 지낼 때와,

기관에서 여러 친구들과 선생님들과 함께 생활할 때 다른 모습을 보이기도 합니다. 저도 딸아이가 기관에서 어떻게 생활하고 있는지, 친구들과의 관계는 어떤지 선생님에게 물어보고 확인합니다. 집에서 보이는 행동과 기관에서 보이는 행동이 일관성 있게 나오는지, 또 친구들과 지내는 사회성은 어떠한지 알 수 없으니 선생님을 통해 피드백을 받아 파악하곤 합니다.

 선생님은 부모에게 말을 잘 전달해야 하는 중요한 위치에 있습니다. 저도 상담할 때 단어 혹은 문장 표현을 어떻게 하면 더 효율적으로 잘 전달하면서 오해를 줄일 수 있을지 고민을 많이 합니다. 선생님이 먼저 엄마 아빠에게 아이의 발달과 사회성에 대해 이야기를 했다면, 우리 아이를 면밀히 살펴볼 필요가 있습니다. 선생님이 먼저 말하기까지 많은 고민을 거듭하고, 조심스럽게 이야기를 꺼냈을 가능성이 높으니까요. 선생님이 고민을 하고 있지만 아이가 의심스러운 경계선상에 있을 때에는 먼저 말을 꺼내지 않는 경우도 있습니다.
 또 아이가 애착이 잘 형성된 엄마 아빠에게는 몇몇 발달을 저해하는 행동을 가지고 있다 하더라도 그 행동이 잘 나타나지 않는 경우도 있습니다. 친구가 많고 집이 아닌 환경에 갔을 때 아이가 가진 어려움이 잘 드러나기도 합니다. 그래서 선생님들의 피드백은 매우 중요하다고 말할 수 있습니다. 선생님이 우리 아이에 대해 조심스럽게 이야기 했을 때, 기분 상하거나 충격을 받지 마시고, 선생님의 설명을 잘 들어보시기 바랍니다. 우리 아이에 대해 좀 더 객관적으로 면밀하게 살펴볼 필요가 있다면, 엄마 아빠도 고민하지 마시고 아이의 선생님께 도움을 요청하거나, 이야기를 부탁해 보세요. 아이를 사랑하는 선생님의 애정 어린 걱정을 그냥 넘기지 마시고 확인해 보세요.

어린이집은 몇 개월부터 다녀야 할까?

어린이집을 다니기에 좋은 나이는 정해져 있지 않습니다. 각 가정의 상황에 따라 어린이집을 보내는 연령은 매우 다릅니다. 맞벌이를 하는 가정은 3개월부터 보내기도 하고, 가정육아를 중요하게 생각하는 부모는 4살 혹은 5살에 보내기도 합니다. 아이를 너무 이르게 어린이집을 보낸다고 문제가 발생하지 않습니다. 또 너무 늦게 보낸다고 사회성 발달에 지연을 불러오지도 않습니다.

중요한 것은 어린이집에 다니기 시작하면, 자기와 비슷한 또래와 생활하며 수많은 경험과 대화를 할 수 있게 되고, 부모가 아닌 다른 어른들과 지낼 수 있는 기회라는 것입니다. 아이의 개월 수가 어떻든 어린이집을 다니면, 아이들은 많은 경험을 할 수 있습니다.

2020년부터 코로나로 인하여 많은 아이가 어린이집과 유치원 생활을 못하게 되었습니다. 그로 인하여 다양한 경험을 하지 못하게 되었고, 또래와 교류하는 일이 많이 줄었습니다. 참으로 안타까운 일이지요. 마스크로 인하여 상대방의 표정을 읽는 것이 완전하지 못하고, 기관을 다닌다 해도 실내에서도 계속 마스크를 끼고 생활하는 불편함을 여전히 겪고 있습니다.

몇 번이고 강조하고 싶은 것이 바로 각자의 상황입니다. 맞벌이의 형태도 그렇고, 가족 구성원 형태도 마찬가지입니다. 각자 나름의 상황이 존재합니다. 또한 중요한 가치가 무엇이냐에 따라서 육아의 형태가 달라질 수 있습니다.

세상을 살아갈 때 항상 답이 있어야 한다거나, 정답대로 살아가려고 하지 않는 것도 중요합니다. 큰 틀에서 보편적인 것은 일관되게 지켜가며, 과도한 지나침 없이 사는 것이 중요합니다. '그래서 어린이집에 몇 개월부터 다녀야 한다는 거야?'라고 생각할 수도 있지만, 어린이집을 가야하는 개월 수는 정해져 있지 않습니다. 다만, 24개월 이후의 아동이라면 어린이집을 다니는 것이 사회성을 비롯해 다른 발달에도 많은 영향을 줄 수 있습니다.

아이의 말문을 여는 법

인사는 모든 의사소통의 기본입니다. 쉬운 인사말과 손을 흔드는 등 모델링을 보여주세요. 또한 사회성을 위해 억지로 말 거기 시키기보다는, 친구와 함께하는 활동을 자연스럽게 경험하게 해 주세요.

아이가
준비되었을 때
한글을 시작하라

한글을 습득하기 시작하는 시기는 아이마다 다르지만 일반적으로 읽기에는 발달 순서가 있습니다. 심리학자 진 첼(Jeanne S. Chall)에 따르면 읽기 발달에는 총 6단계가 있다고 합니다.

Chall(1983)의 읽기 발달 단계

0단계	**표의 단계(Logographic stage) : 6개월 ~ 6세** 글자에 관심이 있고, 글자를 보고 읽는 척하는 단계
1단계	**알파벳 단계(Alphabetic stage) : 7세 ~ 초2** 글자와 소리 관계를 습득하는 단계 활자의 지식, 음운 인식력, 파닉스, 해독 발달

2단계	철자 단계(Orthographic stage) : 7세 ~ 초2,3 보다 더 수준 높은 해독, 음운 규칙 습득 읽기에 유창성, 자동성이 더욱 증가하는 단계	
3단계	학습을 위한 읽기 단계(Read to learn) : 초2,3 ~ 중학생 새로운 지식과 아이디어, 감정과 태도 학습을 위한 읽기	
4단계	다양한 관점 단계 : 중학생 ~ 고등학생 다양한 관점에서 추론 및 비판 읽기	
5단계	구성과 재구성 단계 : 고등학생 ~ 대학생 이상 전문적 지식, 각 지식의 통합과 융합	

한글은 언제 가르치면 될까?

학령전기의 아이들은 아직 자모음의 지식과 해독(글자를 그대로 읽음)이 발달하지 않았다 하더라도 아기 때부터 열심히 읽을 준비를 합니다. 어린 아기가 인쇄물에 대한 흥미를 보이며, 그림책의 제목만 보고 어떤 제목인지 자신 있게 말하며 열심히 내용을 읽는 척합니다. 이러한 단계를 우리는 '표의 단계'라고 부릅니다.

진 첼은 맥도날드의 예로 들어 설명하였습니다. 아주 어린아이들도 맥도날드의 간판만 보고 맥도날드라는 것을 알고 설명합니다. 로고를 보고 아는 것이지만, 마치 읽을 수 있는 것처럼 말하지요. 이러한 표의단계의 발달은 6개월에서 6세까지 열심히 발달합니다. 그리고 나서 진정으로 글자를 습득하는 것은 철자 단계, 즉 7세부터입니다. 한글의 결정적 골든타임은 '7세~초등 1학년 1학기'입니다.

6세 후반에 아무리 열심히 한글을 가르치려 해도 도통 속도가 나지 않고 배우기 힘들어하는 아이들이 있습니다. 이는 보통 있을 수 있는 일이니, 걱정할 단계가 아닙니다. 6세 후반에 한글 습득을 못하던 아이들이 1년 후인 7세 후반에 갑자기 빠르게 습득할 가능성이 높습니다. 그래서 한글에 대한 교육은 조기교육보다는 때에 맞는 접근법이 중요합니다. 7세 이전까지는 인쇄물에 대한 흥미를 높이고, 책을 함께 보는 활동을 많이 하는 것이 매우 중요합니다. '아! 이 세상에는 우리의 말소리를 이 그림 같은 것(글자)에 담을 수 있구나~'라는 것을 알려주는 밑 작업이 중요하지요.

7세 여름이 지나고, 가을부터 한글을 알려 주기 시작했을 때 받아들일 준비가 되었는지 아닌지 판단할 수 있습니다. 받아들일 준비가 되었다면 적어도 초등 1학년 1학기에는 문장을 읽을 수 있을 것입니다. 만약 한글을 열심히 알려 주었지만 초등 1학년 2학기에도 빈번한 실수가 있고, 읽는 것을 거부하거나 자신 없어하고 힘들어한다면 '체계적이고 명시적인' 한글 교육이 필요합니다.

한글은 어떻게 가르치면 될까?

한글의 전통적인 접근 방식은 '통글자' 접근이라는 인식이 강합니다. 그래서 유치원 공교육과정에는 통글자 접근 교육이 존재합니다. 하지만, 통글자 접근보다 음운 인식과 파닉스의 원리로 한글을 접근하는 것이 좋습니다. 앞서 철자 단계는 '활자의 지식, 음운 인식력, 파닉스, 해독'이라는 설명을 보았을 것입니다.

활자의 지식은 자음과 모음에 대한 인식과 이름 등의 지식을 말하는 것이고, 음운 인식력이란 것은 음소(말소리가 가진 가장 최소의 단위, 예를 들어 ㄱ,ㄷ,ㅏ,ㅜ 등의 자음과 모음들)의 소리를 인식하여 그 소리를 합치기도, 분절하기도 할 수 있는 능력을 말합니다. 예를 들어 '나비'라는 단어는 4개의 음소(음운) /ㄴ/, /ㅏ/, /ㅂ/, /ㅣ/로 이루어진 말소리입니다. 그래서 /ㄴ/ 대신 /ㅂ/이 왔을 때에는 '바비'라는 말이 될 수 있고, /ㅣ/ 대신 /ㅜ/를 넣었을 때에는 '나부'라는 말소리가 될 수 있다는 것을 아는 것입니다.

파닉스는 영어에만 존재하는 것이 아닙니다. 파닉스는 '글자소리' 대응 체계를 아는 것을 말합니다. 한글도 파닉스 교육이 필요합니다. 파닉스 능력이 있어야 해독을 할 수 있기 때문입니다.

이렇게 철자 단계에서는 음운 인식과 파닉스가 매우 중요하게 여겨집니다. 통글자 접근법은 음운 인식과 파닉스가 아닌 통으로 외우는 접근법인데, 이렇게 되면 아이는 단어를 하나의 상징물처럼 받아들이게 됩니다. 점점 자라나며 음운에 대한 인식을 자연스럽게 터득하는 아이들은 통글자 접근법으로도 무리 없이 한글을 배울 수 있을 것입니다. 그런데 여러 가지 이유로 난독 현상을 보일 가능성이 있는 아이들은 통글자 접근법은 무용지물이 됩니다.

 통글자 접근법이 나온 이유는, 아이들이 기억을 하는 방법에 있습니다. 어린아이일수록 한 장의 사진처럼 통으로 기억하는 방법을 많이 씁니다. 이러한 기술들은 철자 단계로 발달하며 점점 쓰지 않게 된다고 합니다. 통글자 학습법이 효과적이었다면, 아이가 공통된 음소에 대한 확인을 잘 할 수 있었기 때문입니다. 단지 생김새가 비슷하거나 같음을 시각적으로 인지해서가 아닌, 각 고유한 음소에 대한 인식과 확인을 할 수 있어 다른 통글자에서도 같은 음소 및 음절을 확인할 수 있었을 것입니다. 엄밀하게 말하면, 통글자 덕분이 아니라, 아이의 음소와 음운에 대한 인식력 덕분인 것입니다.

 저는 초등학교 입학 직전까지 한글을 전혀 모르는 상태였습니다. 학교에 들어가 자모음에 대한 지식을 배우고 한글을 배우기 시작했습니다. 어렴풋한 기억에 의하면, 엄마와 버스를 타고 시장에 가던 길에 간판이 눈에 들어왔던 기억이 납니다. 그전까지는 뭐라고 쓰여 있는지 관심조차 없었지만, 해독 능력이 생긴 이후 버스에서 간판을 읽기 시작했을 때의 그 즐거움만큼은 아직도 생생합니다.

우리 아이들이 한글을 좀 더 즐겁게 배우려면, 엄마가 일방적으로 시작하는 것이 아니라 아이 스스로 배울 준비가 되었을 때 시작해야 합니다. 물론 아이에 따라서 흥미가 빨리 생기고 해독 능력이 빠르게 발달하는 아이도 분명히 있습니다.

아이가 가진 발달의 속도를 인정하고, 한글을 배우기에 적기인 '7세 후반~초등 1학년 1학기'를 기억해야 합니다. 대중적이고 다양한 방법으로 아이에게 한글 학습을 시켰음에도 아이의 한글 읽기 발달이 속도가 나지 않는다면 1학년 1학기가 끝날 즈음에는 체계적이고 명시적인 한글 학습이 필요합니다.

> **아이의 말문을 여는 법** 🔊
>
> 한글 습득의 골든타임은 7세~초등학교 1학년 1학기까지입니다. 그전에 아이가 한글을 어려워해도 걱정하지 마세요. 아이가 가진 발달 속도를 인정하고 기다려 주세요.

성공적인 읽기와 쓰기를 위한 난독증 극복법

'난독증(Dyslexia)'은 학문적으로 다양한 관점에서 살펴볼 수 있습니다. 먼저 미국 정신의학회의 'DSM-5'(Diagnostic and Statistical Manual of Mental Disorders, Fifth Edition)에서는 난독증을 특정 학습장애(Specific Learning Disorders) 또는 학습장애(Learning Disorders)로 이야기하고 있습니다. 특정 학습장애에서는 '난독(Impairment in Reading)/난서(Impairment in Written Expressing)/난산(Impairment in Mathematics)' 3가지의 손상 동반 여부를 살핍니다. 다음의 언급된 것 중 적어도 1가지 이상이 적절한 개입을 제공하여도 6개월 이상 지속될 때 진단을 내릴 수 있습니다.

난독증의 진단 여부

- 부정확하거나 느리고, 힘겨운 단어 읽기
- 읽은 내용 의미 이해 어려움
- 철자법 어려움
- 쓰기 어려움
- 단순 연산 값 암기 및 연산 절차 어려움
- 수학적 추론 어려움

교육적 측면에서 난독증은 '학습장애(Learning disability/disorder)'로 분류합니다. '읽기장애(Reading disability/disorder)', '읽기부진(Poor reder)', '기초학력부진', '느린 학습자', '발달적 난독증(Development dyslexia)' 등 난독 현상을 다양하게 부르기도 합니다. 교육적인 측면에서는 난독증이란 말 대신 '난독 현상'이란 말을 쓰는 것이 좀 더 바람직한 것 같습니다.

언어적 진단명에서 살펴보면, 단순 언어장애(Specific Language Impairment), 사회적(실용적) 의사소통장애(Social(Pragmatic) Communication Disorder), 언어 학습장애(Language Learning Disorder), 학습장애를 동반한 언어 발달 장애 등으로 부를 수 있습니다. 그렇다면 어떠한 경우에 중재가 필요한지 알아보겠습니다.

중재가 필요한 난독 현상

- 한글 교육을 받아도 6개월간 진전이 없다.
- 자모음을 다르게 읽는다.
- 종성(받침) 읽기를 어려워한다.
- 이중모음 읽기를 어려워한다.
- 쌍자음, 겹받침 읽기를 어려워한다.
- 생소한 어휘를 듣고 그대로 따라 말하기 어려워한다.
- 조사를 빼고 읽거나 다른 조사로 읽는다.
- 단어를 다른 단어로 읽는다.
- 문장의 서술부를 틀리게 읽는다.
- 발음의 어려움을 겪었거나, 여전히 발음의 어려움을 동반하며 읽기를 어려워한다.

이러한 경우는 반드시 체계적이고 명시적인 음운 인식과 파닉스, 형태소 교육이 필요합니다. 난독이라고 해서, 글자를 전혀 못 읽는 경우만 해당하는 것이 아닙니다. 아이가 위에 언급된 어려움을 겪고 있을 때에는 모두 난독 현상을 가지고 있다고 생각해야 합니다.

아이가 한글을 어려워하면 어떻게 해야 할까?

체계적이고 명시적인 음운 인식과 파닉스, 형태소 교육과 읽기 활동 교육을 받을 수 있는 기관 및 선생님을 찾는 것이 중요합니다. 인터넷에 검색해보면, 음운 인식과 파닉스의 중요성을 모두 강조하고 있습니다. 그러나 난독 현상을 해소하기 위해서는 단순히 음운 인식과 파닉스만으로는 제한점이 있습니다. 읽기라는 것은 해독을 넘어, 진정한 의미가 이해되어야 하고, 쓰기와 작문까지 할 수 있어야 하기 때문입니다. 요즘 '문해력'이란 단어가 널리 알려졌습니다. 그만큼 읽기와 쓰기 능력은 우리 삶에 매우 중요한 요소입니다. 전문적인 지식을 갖추고 직업을 갖고 이 세상을 잘 살아내기 위해서는 읽기 및 쓰기 발달이 잘 이루어져야 할 것입니다.

여기서 말하는 '체계적이고 명시적'이란 뜻은 무엇일까요? 아이가 보이는 철자 발달 단계를 정확하게 평가하고, 체계적으로 중재해야 한다는 의미입니다. 또한 여러 목표를 한 번에 습득하게 하는 것이 아닌, 하나의 목표를 가지고 중재해야 한다는 뜻입니다. 음운에 대한 인식이 어려운 상태인데, 갑자기 많은 자모음을 습득한다는 목표를 가지고 수업을 진행한다면 아이에게 혼란만 가중되어 학습 동기는 떨어지고 쉽게 포기하려고 할 것입니다.

난독증에 대한 오해와 편견

난독은 오해를 쉽게 불러일으키기 쉬운 것이 '난독증' 이라 불리어 일반적으로 질환이나 병처럼 여겨진다는 것입니다. 그래서 많은 보호자들이 무작정 병원을 찾거나, 어떤 기계에 의존하는 치료법을 찾기도 합니다. 난독 현상의 원인은 주의 집중력이 아니며, 시각 및 청각적 원인에 의해서 발생하는 것도 아닙니다. 뇌의 불균형 또는 뇌의 크기 때문에 발생하는 것도 아닙니다.

얼마 전에 만났던 어머니로부터 "아이 친구가 있는데, 대화를 굉장히 잘 하고 아는 것도 무척 많아서 똑똑하다고 느꼈던 친구가 한글은 전혀 읽지 못한다"라는 말을 들었습니다. 그 친구가 난독인지 문의하고 싶어 여러 센터에 전화했지만, "한글을 한 글자도 못 읽어서 검사를 할 수 없다"라는 답변과 심지어 "이런 경우는 난독증이 아니다"라는 이야기를 들었다고 합니다. 초등 1학년 1학기가 지난 상황에서 아이가 한글을 전혀 읽지 못하는데, 난독이 아니라는 말을 들었다는 것입니다. 전문가의 입장으로 그 이야기를 전해 들었을 때, 황당하기도 했지만 매우 안타까운 마음이 들었습니다.

예전보다 인식이 많이 바뀌었고, 접근할 수 있는 정보도 많아졌지만, 여전히 오해와 편견 그리고 잘못된 중재법을 실시하는 기관이 존재합니다. 전문 기관과 전문가를 찾기에는 턱없이 부족한 것도 현실입니다. 세상에 잘못 알려진 난독에 대한 정보와 중재법을 바로잡아야 하는 것은 특수교사, 언어재활사, 인지치료사 등 각 분야 전문가들의 몫일 것입니다.

한글 습득을 위해서 어디를 찾아가야 할지 모르겠다면, 난독증 등 학습장애 전문가 교육을 담당하고 있는 '한국학습장애학회', 문해교육 전문가를 양성하는 '한국난독증협회', 국가자격증 언어재활사들이 소속된 '한국언어재활사협회'의 도움을 받아보는 것이 좋습니다.

한글 습득을 위한 도움을 받을 수 있는 곳

- 한국학습장애학회 http://www.korealda.or.kr/
- 한국난독증협회 http://kdyslexia.org/
- 한국언어재활사협회 https://www.kslp.org/

아이가 학교에 다니고 있다면, 반드시 담임선생님과 상담을 진행하시고, 각 교육청에서 진행하는 '난독 바우처' 교육 제도에 대해 알아보는 것도 좋습니다. 요즘은 학교가 교육청으로 난독 바우처 사업을 신청하면, 교육청은 난독 바우처 서비스 제공기관을 선정하여 신청한 학교 학생들이 도움을 받을 수 있게 전문 기관으로 배치해 줍니다. 아이들은 진단 검사를 받을 수 있고, 일정 횟수의 교육을 받을 수 있게 되며, 바우처 교육이 끝난 후에도 필요에 따라 개인적으로 계속 교육을 받을 수 있습니다. 교육청별로 난독 바우처 제도와 지원 내용은 상이합니다. 반드시 해당 지역 교육청에 문의를 해야 합니다.

아이의 말문을 여는 법

우리 아이가 난독 현상에 해당하는지 점검해 보시고, 염려된다면 체계적이고 명시적인 교육이 필요합니다. 난독 현상을 해소하기 위해서는 단순한 해독을 넘어, 진정한 '의미 이해'가 되어야 하고, 쓰기까지 되어야 합니다.

언어 발달에는
이런 것이 좋아요

4. 놀이

　아이의 또 다른 언어는 바로 '놀이'입니다. 놀이는 아이가 많은 것을 배우고, 배운 것을 써먹을 수 있는 중요한 활동입니다. 놀이는 최고의 발달 선생님이지요. 아이는 아주 어린 갓난아기부터 놀이를 합니다. 바로 음성놀이(vocal play)이지요. 아이는 소리를 내 자신의 소리로 놀기 시작하고, 자신의 주먹과 발을 가지고 놀기 시작합니다. 아기는 누가 알려 주지 않아도 자신만의 놀이를 척척 찾아 발달하는 최고의 발달탐험가입니다.

　놀이에서 빼놓고 이야기할 수 없는 것이 있습니다. 바로 '상징 놀이'입니다. 이 상징이란 것을 아이가 발달시키면 시킬수록 더욱더 복잡하고 숙련된 놀이를 할 수 있습니다. 상징 놀이의 발달단계는 다음과 같습니다.

- 탐험적인 놀이 (9~10개월)
  : 물건의 기능을 탐험, 탐색합니다. 물건을 이리저리 살피고 어떤 용도로 쓰이는지 관찰합니다.

- 전 상징기적 행동 (11~13개월)
  : 물건에 대한 기능을 이해하고 사용합니다. 색연필로 그림을 그리고 핸드폰을 귀에 대기도 하며, 빗을 머리에 대어 빗어 봅니다.

- 자동적 상징 행동 (14~15개월)
  : 놀이 대상을 자신의 몸 위주로 집중해서 놀이합니다. 인형을 대상으로 안아주거나 뽀뽀를 하고, 컵으로 마시는 흉내 내기도 합니다.

- 단순 상징 행동 (16~17개월)
  : 상징 행동을 다른 대상에게도 행합니다. 인형에게도 먹여 주거나, 씻겨 주는 행동, 침대에 눕히는 행동을 합니다.

- 단순 상징 행동 조합 (18~19개월)

: 둘 이상의 대상에게 행합니다. 여러 인형에게 차례대로 주거나, 옷을 입혀 주는 행동을 합니다.

- 복합 상징 행동 조합 (20~23개월)
  : 연속적인 두 가지 상징 행동을 보입니다. 칼로 잘라서 접시에 담고 먹여 주는 행동을 합니다.

- 물건대치 상징 행동 (24~35개월)
  : 물건을 다른 기능으로 대치하며 놀이합니다. 연필을 칫솔처럼 사용하고, 대상이 없는 상태에서 마치 있는 것처럼 흉내 내기도 합니다.

- 대행자 놀이 (24~35개월)
  : 인형이나 사물을 행위자로 다른 사람의 역할을 가장하여 놀이합니다. 인형이 말하는 것처럼 역할을 합니다.

- 두 가지 사회적 역할놀이 (36~47개월)
  : 두 행위자가 서로 사회적 역할놀이를 합니다. 소꿉놀이, 병원놀이 등 두 인형이 서로 사회적인 역할을 맡아 가장하여 놀이합니다.

- 세 가지 사회적 역할놀이 (48~59개월)

: 세 행위자가 서로 다른 사회적 역할놀이를 합니다. 소꿉놀이, 병원놀이 등 인형으로 서로 사회적인 역할을 맡아 가장해 놀이합니다.

- 복합 사회적 역할놀이 (60~72개월)

: 한 행위자가 두 가지 이상의 사회적 역할놀이 합니다. 인형이 아빠가 되어 집안일도 하면서 회사에서는 일하며 놀이를 합니다.

현재 우리 아이가 어떤 놀이 단계에 있는지 아주 세세하고 면밀하게 살펴볼 필요는 없습니다. 다만, 우리 아이가 어떤 장난감과 인형을 가지고 어떻게 놀아야 할지 모르고 계속 탐색적인 행동만 하거나 같은 놀이만을 반복하고 있다면 관찰할 필요가 있습니다. 또한 적절한 상징 놀이 모델링을 보여주며 자극해 볼 필요가 있습니다. 아이에게 이렇게 노는 것이라고 행동을 보여주며 상징 놀이를 제시해서 아이가 그대로 모방한다면 열심히 더 많이 놀아 주면 됩니다.

5장

"아이의 말문을 열려면 환경을 바꾸세요"

언어 발달에 미치는 요인

표정 읽는 법을
알아야
말문이 열린다

　코로나로 인한 마스크 착용이 언어 발달에 영향이 있는지에 대한 의견은 분분하지만, 대체로 언어를 처음 배우는 유아들에게는 영향이 있을 수 있습니다. 대신, 바깥에서 언어를 접할 기회가 많지 않으니 집안에서 가족들과 상호작용하고, 잘 들으면 언어를 무리 없이 배울 수 있습니다. 집안에서 마스크 없이 생활하고, 듣고 이해하는 데에 어려움이 없다면 언어를 충분히 배울 수 있기 때문입니다.

　인공와우 수술을 받은 영아들의 경우에도 초기 재활 시 되도록 입을 보여주지 않고, 듣기에 초점을 맞추어 언어재활을 실시합니다. 청각 장애가 있더라도 인공와우 수술로 소리를 듣게 되면, 듣기만으로도 언어를 배울 수 있기 때문입니다.

청각 장애 아이들은 언어재활 시 일부러 입 모양을 보지 않고, 치료사와 보호자의 자리 배치도 아동 양옆으로 앉고 진행합니다. 마주하지 않은 상태에서 소리를 자연스럽게 듣고 익히는 데에 익숙해지기 위함입니다. 따라서 청각에 이상 없는 아이들은 잘 들리는 조건을 갖추고 있고, 집에서는 마스크를 쓰지 않고 자유롭게 지내기 때문에 언어를 배우는 데에는 큰 걸림돌이 없습니다.

표정에 담긴 감정을 읽어야 한다

그런데 마스크가 직접적인 언어 발달에 영향을 미치는 경우가 있습니다. 어떤 경우에 해당할까요? 바로 언어적 지연을 보이는 아이입니다.

소리를 잘 들을 수 있다 하더라도, 여러 가지 이유로 수용 및 표현언어가 느리게 발달하는 아이들이 있습니다. 느린 발달 요인을 가지고 있는 아이들이 타인과 교류할 때, 마스크로 인해 상대방의 전체 얼굴을 살필 수 없고, 입 모양을 살필 수 없어 통합적인 자극을 받지 못하는 경우 언어 발달에 영향을 끼칠 수 있습니다. 특히 하루 중 많은 시간을 집이 아닌 어린이집에서 보내는 경우를 생각할 수 있습니다.

언어 발달은 단순히 말을 배우는 것을 떠나, 상대방의 얼굴에 담긴 정보를 이해해야 합니다. 다양한 표정이 감정을 나타내고, 감정은 언어에 실려 표현된다는 것을 알아야 심층적인 의미까지 파악할 수 있는 것입니다. 예를 들어 아이에게 "아유~ 얄미워"라는 말을 매우 귀엽다는 표현으로 미소를 지으며 이야기했습니다. 표면적인 말 자체는 '얄밉다'라는 부정적인 의미 같지만, 표정과 말의 억양을 종합적으로 생각하면 '넌 너무 귀여워' 또는 '네가 싫지 않다'라는 메시지임을 알 수 있을 것입니다. 그러나 마스크를 쓴 채 이야기하면 눈이 웃고 있는 것은 보이더라도 입의 웃는 모양이 보이지 않습니다. 이때 표정 읽기를 어려워하는 아동이라면 말하는 이의 의도가 충분히 전달되지 못할 수도 있습니다.

여러 기사와 연구에 따르면, 마스크를 쓰더라도 나머지 보이는 부분인 눈썹, 눈, 미간을 보는 것만으로도 표정을 읽어내는 것에는 상관이 없다는 의견도 있습니다. 그러나 여기서 생각해야 할 점은 아이가 어릴수록, 아직 감정의 분화가 잘 되지 않은 유아일수록 마스크를 쓴 채 상대방의 표정을 다 읽어내기란 쉽지 않다는 것입니다. 또한 여러 이유로 언어적 지연이 있거나 상대방의 입장이나 상황을 고려하지 못하는 아이일수록 마스크는 더더욱 큰 제약이 될 수밖에 없습니다.

조음에 어려움을 가지고 있는 아이들에게도 마스크는 좋지 않은 영향을 줄 수 있습니다. 물론 아이들이 상대방의 입 모양과 혀를 보고 발음을 배우지는 않습니다. 정확히 음운을 인식하고 그 소리를 구상해야 하는 말 프로그래밍이 잘 작동되어야 정확한 발음이 산출되는 것이지요. 그런데 음운에 대한 인식이 어려운 아동들은 마스크를 가린 채 이야기한다면 특성이 비슷한 모음 및 자음 소리를 정확히 변별하기 어렵습니다. 다시 자극을 주어도 단번에 알아차리기가 쉽지 않겠지요.

이러한 이유로 치료실에서도 마스크를 쓰고 진행할 때 제약이 있을 수 있습니다. 아이에게 어떤 조음 위치에서 어떻게 발음을 하는지에 대해 정확한 모델링과 피드백을 줄 수 없고, 그로 인하여 오로지 듣고 수정해야 하는 훈련 위주로 진행할 수밖에 없습니다.

코로나로 집에만 있는데 사회성이 떨어질까?

2020년 1월부터 시작된 코로나19를 향한 공포는 약 2년간 우리 사회를 멈추었다고 해도 과언이 아닙니다. 처음 코로나 상황이 발생하였을 때를 생각하면 저도 아주 두렵고 힘들었던 기억이 납니다. 돌도 지나지 않은 아이 엄마로서 코로나 상황은 정말 극도의 두려움을 느낄 수밖에 없는 무서운 재난과도 같았습니다. 저도 복직하기 전까지 약 6개월간은 집 앞 공원, 마트도 가지 않을 만큼 아기와 집에서만 생활했습니다. 코로나는 우리에게 많은 것을 하지 못하게 했고, 많은 기회를 날려버리게 했습니다. 돌잔치도 아무도 부르지 않고 집에서 조용히 조촐하게 보냈습니다. 지금 생각해 보면 그래도 조심하길 잘 했다는 생각도 들지만, 한편으로는 많은 것을 아이와 함께하지 못해 매우 아쉽고 미안하기도 합니다.

코로나가 없었다면 우리는 어떻게 지냈을까요? 시간이 될 때면 아이와 가까운 공원이나 강이나 바다로 드라이브하러 다니고, 분위기 좋은 식당과 카페에서 여유를 만끽했겠지요. 박물관이나 미술관 전시회 등을 함께 다니기도 하고, 키즈 카페, 수족관, 동물원, 놀이동산, 워터파크 등을 놀러 가며 직접 경험하고 체험하는 시간을 보낼 수도 있었을 것입니다. 그 외에도 관광지를 여행하고, 비행기를 타고 해외에 나가거나, 마트, 쇼핑몰, 백화점 등을 가서 마음껏 쇼핑을 즐기고, 마음 편히 생활을 이어나갔겠지요.

아이와 함께 이 모든 경험을 함께했다면 어땠을까요? 많이 즐거워하고 웃고 떠들고, 사진과 영상으로 추억을 공유할 거리도 많았을 것입니다. 또한 가족뿐만 아니라 다른 친척이나 친한 친구의 가족들과도 함께 교류하고, 동네의 지인들과 함께 하는 시간이 더 많았을 것이라는 생각을 해 봅니다. 그랬다면 우리 아이들은 더 많은 사람을 만나서 대화하고, 상황을 인지하고, 대화 상대방이 누구냐에 따라 어떻게 말을 해야 하고 놀아야 하는지 터득할 기회가 많았겠지요. 무척이나 아쉬운 상황입니다. 언어 발달과 사회성을 자연스럽게 키울 좋은 기회들인데, 아이들은 고스란히 기회를 빼앗겼습니다. 쓰다 보니 참으로 억울하고 답답한 마음이 들기도 합니다.

아이들이 자연스럽게 사회성을 키울 기회가 많았다면, 아이의 특징이 보다 잘 드러났을 것이고(외향적인 아이는 더욱 사람을 좋아하게, 내향적인 아이는 차분하게 시간을 보내는 것을 좋아하게), 사회성에 어려움을 겪는 아이는 자연스럽게 사회성이 좋아질 기회가 생겼겠지요. 자연스레 어른들로부터 배운 사회적 기술을 연습할 수 있는 시간이 많았을 것이며 말도 늘었을 것입니다.

> **아이의 말문을 여는 법**
>
> 마스크 착용으로 상대의 표정을 읽을 수 없는 아동의 경우에는 언어 발달에 영향을 줄 수 있습니다. 언어 발달은 단순히 말을 이해하는 것보다 상대방의 표정에 담긴 감정과 정보를 읽을 수 있어야 합니다.

집안의
물건 배치부터
바꿔야 한다

집안을 아이가 생활하기에 불편한 환경을 만들라고 하면 어떠신가요? 마음이 불편하실까요? 그런데 집안의 구조와 아이의 언어 발달에도 관계가 있기 때문에 아이가 집안에서 아주 편안한 분위기라면 약간의 변화를 주어야 합니다.

아이가 원하면 무엇이든 손에 넣을 수 있는 곳에 물건이 있지 않게 해야 합니다. 만약 장난감 정리함이나 교구장이 있다면, 제일 좋아하는 장난감을 아이의 시선 안에는 보이되, 손이 닿지 않는 곳에 놓습니다. 좋아하는 간식도 마찬가지로 보이기는 하되, 혼자서 꺼낼 수 없는 곳에 놓아야 아이가 스스로 원하는 것을 요청할 수 있습니다. 아이가 말 대신 잡아끄는 행동으로 요구했다면, 손으로 '주세요' 행동을 할 수 있게 바꿔주어야 하며, 손으로 '주세요'를 할 수 있다면, 말로 '줘, 주세요' 표현을 하거나 물건의 이름을 표현하도록 이끌어 주어야 합니다. 정확한 발음으로 '줘/주세요'를 할 수 없더라도 '어, 우에요' 등 모음이라도 맞게 말할 수 있도록 표현을 유도해야 합니다.

외출 시 스스로 신을 신발을 고르게 하기

현관에 아이의 신발을 2~3종류 놓아 주세요. 외출을 준비하고 나갈 때, 아이에게 어떤 신발을 신을지 선택형 질문을 합니다. 아이가 질문을 듣고 자신이 원하는 것을 고른 후 표현하게 합니다. 신발이라는 표현을 어려워한다면 '이거'라는 대용어를 사용하도록 이끌고, '이거'를 잘 사용하는 아이라면 '운동화', '슬리퍼', '구두' 등 신발의 명칭을 말하도록 유도합니다.

아이가 외출 상황에서 자연스럽게 발화하도록 이끌어 줍니다. 시간은 걸리겠지만 처음에는 신발을 스스로 신도록 시간을 주어야 합니다. 혼자 신으려다가 반대로 신거나 잘 들어가지 않는다면 어른에게 도움을 요청할 수 있습니다. 일상에서 언어 자극을 할 수 있는 자연스러운 상황을 반복적으로 이용해야 합니다.

　화장실 세면대 앞에 놓는 계단을 때때로 세면대 안쪽 깊숙하게 넣어 놓거나, 다른 위치에 놓으세요. 손을 닦으려고 들어간 아이는 계단이 없음을 어른에게 알리고 제자리에 놓아 달라고 요구할 수 있습니다. 그리고 스스로 손을 씻는 자조 기술을 높여야 하며, 손을 닦은 후 꼭 수건으로 물기 닦는 것을 알려 주어야 합니다. 항상 이 모든 과정을 어른이 말로 이야기해 주어야 한다는 것을 잊지 마세요.

일상생활에서 익숙한 환경음 목록 작성하기

　일상생활에서 흔히 듣는 환경음의 목록을 작성하고, 아이에게 어떤 소리가 들렸는지 항상 알려 줍니다. 초인종 소리가 울리면 누군가 우리 집에 찾아오거나 배달이 왔다는 것을 아이에게 설명하고, 문을 어떻게 해야 하는지 어떤 버튼을 눌러야 하는지 알려 주세요. 때로는 아이 스스로 문을 열 수 있게 기회를 주는 것도 좋은 방법입니다.

　환경음에 도통 관심이 없는 아이라면, 세탁기가 다 돌아가고 난 후 소리가 나면 세탁기 앞으로 가서 빨래가 다 되었음을 알려 주세요. 세탁기 문을 열어 조금이라도 도움을 요청하고 빨래를 함께 널기도 합니다.

　요즘에는 밥솥이 밥이 잘 되었다고 이야기해 줍니다. 이럴 때 밥솥에서 어떤 말을 했는지 그대로 알려 주며, 밥이 지어졌고, 뜨거운 김이 나올 때는 뜨겁다는 것도 주의를 주어야 합니다. 이렇듯 기계에서 나는 환경음에 대해 민감하게 반응하도록 어떤 소리가 났는지 아이가 먼저 알아차리도록 유도하고, 그 앞에 가서 함께 확인합니다.

　휴대 전화도 집안에서는 벨소리로 변경하고, 벨소리가 울리면 누군가로부터 전화가 왔음을 알려 줍니다. 아이에게 친숙한 할머니나 할아버지, 이모, 삼촌 등과 함께 통화하는 기회를 자주 갖는 것도 좋습니다. 전화기 너머 들려오는 목소리가 누구인지 아이가 인식하는 것 또한 중요합니다.

> **아이의 말문을 여는 법** 🔊
>
> 아이를 불편하게 만드는 환경을 만들어서 원하는 것을 스스로 요청할 수 있게 유도하세요. 또한 어떤 신발을 신고 어떤 간식을 먹을지 원하는 것을 스스로 선택할 수 있게 해 주세요.

미디어 노출은 언어 발달에 괜찮을까?

영유아 부모들의 미디어 이슈는 '과연 미디어가 아이들 발달에 좋은 영향을 미치는가?'입니다. 결론부터 이야기하면, '미디어 노출은 최대한 하지 마세요'입니다. 이미 미디어 노출이 되었더라도 지금부터 시간을 줄여 보세요. 미디어의 도움을 많이 받았다고 생각하면 최소한의 시간을 정해서 노출해 보세요.

미디어는 다양한 정보를 주고, 즐거움을 선사하고, 어른들이 생각하지 못했거나 직접 알려 주지 못한 것을 알려 준다고 단순하게 생각할 수 있습니다. 언어 자극을 충분히 주지 못할 때, '영상이라도 틀면 도움이 되지 않을까? 이야기 오디오라도 틀어 놓으면 도움이 되지 않을까?'라는 생각이 듭니다. 과연 그럴까요? 전문가들은 하나같이 입을 모아 이야기합니다. 유아들에게 미디어는 발달에 좋지 않은 영향을 준다고 말입니다.

미디어는 아이가 생각할 시간을 주지 않는다

먼저 미디어가 유아들에게 왜 좋지 않은지 살펴보겠습니다. 영상은 상호작용을 하지 않습니다. 양방향이 아닌 일방적인 방향성을 가지고 있고, 전달이 굉장히 빠르고 휘발성이 강합니다. 다양한 소리 자극이 많이 나오지만 그만큼 빨리 잊어버리기 쉽습니다. 강렬하고 다양한 시각적 자극도 있습니다. 색채가 강하고 화려한 만큼 아이들은 시각적으로 강한 자극을 받습니다. 이러한 자극은 너무나 빠르게 휙휙 지나갑니다. 아이가 유의미하게 받아들일 시간을 주지 않습니다.

상호작용이 없는 상태에서 빠르고 자극적인 시청각 자극은 아이의 두뇌를 활성화하지 않습니다. 많은 연구에서도 밝혀진 사실입니다. 심지어 아이들이 종이로 된 인쇄물을 바라볼 때와 모니터로 출력되는 것을 바라볼 때 사용하는 뇌의 경로가 다르다고 합니다.

그만큼 아이들에게 영상과 미디어는 강한 자극을 주지만, 휘발성이 높은 매개체입니다. 아이들은 보고 듣고 생각할 시간이 필요합니다. 혼자서 멍하니 바라보는 영상은 아이들의 발달에 좋은 영향을 줄 수 없습니다.

혼자서 유튜브를 통해 언어를 익히고, 지식을 받아들이는 아이들도 있습니다. 이런 아이들을 보고 좋은 기능이 있다고 생각할 수 있지만, 스스로 탐구하고 빠른 자극에도 입력할 준비가 되어있는 아이들은 많은 것을 받아들일 수 있는 아이입니다. 또한 아이의 연령이 유아를 지났다면, 다양한 경로로 정보를 받아들일 수는 있습니다. 아주 어린 시절부터 혼자서 보고 익히는 아이들은 정말 극히 드뭅니다.

애석하게도 미디어 노출을 하지 않을 수 없는 시대입니다. 그렇다면 언제까지 아이에게 영상을 보여주지 말아야 할지, 언제부터 보여줘도 될지 고민이 됩니다. 개인적으로는 미디어 노출을 최대한 시키지 않는 것이 바람직하고, TV 없이 생활하며 식사하는 시간에도 영상을 보여주지 않는 것이 좋다고 생각합니다. 특히 아이가 36개월 이전이라면 언어가 발달하기 전에는 지속적인 미디어 노출은 금하는 것이 좋습니다. 물론 그렇게 철저하게 지키며 살기에는 힘든 것도 잘 알고 있습니다. 미디어 노출에 관한 몇 가지 지침을 드리면 다음과 같습니다.

미디어 노출, 이렇게 하세요.

- 하루 중 미디어 영상 노출 시간은 1시간 미만으로 하세요.
- 1회 연속 노출 시간은 20분이 넘지 않게 하세요.
- 되도록 아이 혼자 보지 않습니다. 보호자가 함께 보는 것을 추천하며, 아이 혼자 보더라도 어떤 내용을 보았는지 보호자가 알아야 합니다.
- 영어 영상보다 한국어로 된 영상을 보여주세요.
- 나이에 맞는 영상, 일상생활과 관련된 영상으로 노출해 주세요.

스마트폰 없이 밥 잘 먹는 아이로 키우는 법

대부분 아이와 외출 시 식사 시간을 제일 어려워합니다. 공공장소인 만큼 조용히 있어야 하고, 소란을 피우지 않게 하기 위해, 함께 만난 사람들과의 대화를 이어가기 위해 아이들에게 스마트폰을 쥐여 주게 됩니다. 그러다보면 식당에 가면 아이들이 먼저 자연스럽게 스마트폰을 달라고 요구하기도 합니다. 어른들은 쉽게 아이에게 스마트폰을 쥐여 주고 함께 있는 사람들과의 대화에 집중합니다. 정말 많은 분이 이렇게 하고 있습니다.

자, 그렇다면 식당에서 꼭 스마트폰을 보여줘야만 할까요? 스마트폰 없이도 함께 잘 외출하고 밥 먹는 아이로 변화시킬 수 있을까요? 네, 노력을 기울이면 가능합니다. 대신 지금까지 식당에서 스마트폰을 자연스럽게 받아냈던 아이라면, 변화하기란 쉽지 않아 보입니다. 이럴 때는 어떻게 해야 할까요?

정답은 집에서부터 변화하는 것입니다. 어떤 부모는 집에서조차 식사 시간에 스마트폰이나 태블릿 PC를 보여 줍니다. 그렇게 되기까지 각자 사정이 있다는 것을 저도 충분히 이해합니다. 그렇지만 단호해질 필요가 있습니다. 앞서 고집을 부리는 아이에 관해 이야기할 때, 이유를 반드시 설명하고 안 되는 것은 안 되는 것이라고 일관성 있게 알려 주어야 한다고 했습니다.

식사 시간도 이와 마찬가지입니다. 아이에게 직접 숟가락과 젓가락질을 하도록 하고 스스로 집어서 먹어야 하는 것을 알려 주어야 합니다. 반찬을 탐색하고 식감을 느끼고, 맛을 느끼도록 먹는 자체의 즐거움을 찾아 주어야 합니다. 손에 묻어도, 반찬을 집다 떨어뜨려도 상관없습니다. 스스로 먹고, 오로지 씹고 맛보는 자극을 온전히 느끼며 대화하는 즐거운 식사 시간을 형성해 주어야 외부에서도 다른 자극을 찾지 않게 됩니다.

아이에게 음식을 탐색하고 냄새와 식감을 느낄 시간을 항상 제공해 주세요. 영상에 정신이 팔려 자신이 무엇을 먹고 있는지, 어떤 맛이 나는지, 씹을 때 어떤 느낌인지조차 생각하지 못하게 하지 마세요. 아이는 먹을 만큼 먹고 식사가 끝나면 주변을 탐색하려 하고 궁금해합니다.

　이때 또다시 영상을 보여 달라고 할지도 모릅니다. 그럴 때는 아이가 좋아하는 간식을 주거나, 좋아하는 장난감이나 활동거리를 주어 잠시 시간을 버는 것도 도움이 됩니다. 예를 들어 작은 색연필과 색칠하기 종이를 준비하거나, 스티커 북, 평소 좋아하는 책, 변신 로봇, 퍼즐 가방 등 소지하고 외출해도 되는 활동거리를 챙깁니다. 처음에는 챙기는 것이 불편하고 어색하겠지만, 아이도 영상 대신 이를 받아들일 수 있습니다. 간혹 모든 것을 거부하는 아이도 있습니다. 그럴 경우 보호자 중 한 명은 아이를 데리고 잠시 식당 밖으로 외출을 다녀오거나, 아이의 상호작용 파트너로 아이를 심심하지 않게 해 주어야 합니다.

　아이를 데리고 외출하는 것은 매우 힘든 것이 당연합니다. 힘든 외출을 손쉽게 편해지려고 스마트폰이나 태블릿 PC를 주는 순간 아이도 항상 손쉬운 방법을 찾으려고만 할 수 있습니다. 직접 보고 느끼고 생각할 시간을 뺏기고, 고집은 더 늘 수도 있습니다. 장기간으로 내다보면 편하게 가려다가 아이의 발달에 있어 더 돌아가는 방법을 택하고 있는 것일 수도 있습니다.

유튜브로 말을 배우기도 하는데, 보여줘도 될까?

유튜브를 보고 자연스럽게 정보를 받아들이고 습득하고 많은 것을 배우는 아이들이 있습니다. 이 아이들은 천재일까요? 단순히 유튜브를 보고 배운다고 해서 모두 다 천재는 아니겠지요. 스스로 탐색하고 받아들일 준비가 되어있는 아이들은 빠른 자극에도 유의미한 정보를 머릿속에 입력합니다. 또한 언어적 민감성이 높고, 음운 인식력이 높으며 처리 반응 속도가 빠른 아이들은 한번 보고 들은 것을 저장하고 인출하는 것이 빠를 수 있습니다. 순간 어떤 반응을 기억하고 처리하는 작업 기억력이 높은 아이들도 이러한 영상 자극을 받아들이는 데 빠를 수 있습니다.

또한 언어가 빨리 발달하거나, 모국어의 습득이 완성된 아이들은 영상을 보고 새로운 정보를 빨리 받아 내기도 합니다. 그렇지만 유튜브로 아이에게 외국어를 가르치려 하거나, 어떤 정보를 학습하게 하는 것은 바람직하지 않습니다. 아이와 이야기하다 참고용으로 어떤 영상을 찾아볼 수는 있어도, 아이가 영상을 보고 더 많은 말을 배우기란 쉽지 않습니다. 외국어를 유튜브로 배우는 아이는 극히 드물다고 볼 수 있습니다(그런 이야기가 TV에 나오고, 광고에 나오는 이유는 있겠지요).

유튜브를 조금 경계해야 할 점은, 어떤 영상이든 너무 쉽게 접근

할 수 있다는 데 있습니다. 우리 아이가 23개월이었을 무렵, 제 스마트폰으로 사진을 보여주다 아이가 유튜브 앱을 눌러 뽀로로 영상을 보고 있는 것을 보고 무척 놀란 적이 있습니다. 아이가 어떻게 뽀로로 영상을 틀었는지 이해되지 않았습니다. 뽀로로를 검색한 적도, 같은 계정을 사용하는 다른 기기에서도 뽀로로 영상을 재생한 적이 없었기 때문입니다. 너무나 신기하였지만, 주의를 더 기울여야겠다고 생각했습니다. 유튜브에는 걸러지지 않은 많은 영상이 있습니다. 언니, 오빠들이 볼만한 프로그램이거나 혹은 잔인하고 무서운 영상, 선정적인 영상에 얼마든지 노출될 수 있습니다. 요즘은 키즈락 기능이 있다 하더라도, 어느 순간 무방비하게 아이에게 노출될 수 있음을 알고 있어야 합니다. 아이에게 영상을 보여주고 싶다면, 위에 언급하였듯이 반드시 보호자가 함께 시청하길 권해 드립니다.

아이의 말문을 여는 법

미디어 노출은 최대한 지양하는 것을 권합니다. 외출 시 스마트폰 대신 다른 자극을 줄 수 있는 활동거리를 제공해 주세요. 아이가 영상을 볼 때는 반드시 보호자가 함께 시청해 주세요.

내성적이고
말 없는 부모가
미치는 영향

　엄마 아빠가 내성적이라고 해서 아이 발달에 좋지 않은 영향을 끼치지는 않습니다. 아무리 내성적이고 말이 없더라도, 아이와 상호작용을 하지 않을 만큼 말을 하지 않는 부모는 없을 것입니다. 가끔 상담하다 보면, "제가 너무 내성적이라서 아이한테 말을 잘 안 하고, 할 말도 많이 없는 것 같아요", "아빠가 내성적이라서 아이랑 교류가 별로 없어요"라고 걱정하는 부모가 있습니다. 그럴 때마다 저는 부모님의 성격 때문에 아이 발달에 큰 영향이 있는 것은 아니지만, 현재 발달에 어려움을 겪고 있는 아이를 위해 "약간의 언어 자극을 주는 노력은 필요합니다"라고 안내합니다.

부모가 내성적인 성격이라면

성격은 타고난 것이고, 내성적이라고 해서 우리 아이 발달에 지대한 영향을 끼치는 것은 아닙니다. 엄마가 내성적이어도 아이는 타고난 외향적 성격일 수도 있고, 엄마를 닮아 똑같이 내향적인 아이일 수도 있습니다. 성격은 우리가 어떻게 하지 못하는 것입니다. 자라나며 성향이 약간 달라질 수 있어도, 타고난 기질적인 성격은 자신도 바꾸지 못하지요. 내성적인 성격도 외향적인 성격도 그 나름의 장단점을 가지고 있습니다. 부모의 성격이 내성적이고 말이 없어서 아이의 말이 느린 것은 아닙니다. 그냥 아이가 느릴 뿐입니다. 그렇게 되었을 뿐입니다.

상담을 하다 보면, 아이의 발달이 느린 것을 인지한 엄마 아빠는 자신의 탓을 하고 원인을 자신에게서 찾으려는 행동을 자주 보이곤 합니다. 아이에게 항상 미안한 마음을 가지고 있는 부모의 마음이 충분히 이해되고 공감됩니다. 만약 엄마 아빠의 성격이 내성적이고 말을 많이 하지 않는 분이라면, 다음과 같은 안내를 드리고 싶습니다.

아이와 이렇게 교류해 주세요
- 일상을 공유하세요. 엄마 아빠의 일을 아이에게 이야기해 주세요.

- 함께 공원에 나가 산책을 즐기세요.
- 엄마 아빠의 취미를 공유하고 같이 활동해 보세요.
- 함께 책 읽기 활동을 많이 해 주세요.

아이와 함께 이야기할 시간을 많이 만들기 위한 안내입니다. 아이와 엄마 아빠에게 일어난 일을 이야기하는 시간을 갖고, 서로 질문을 주고받거나 아이 앞에서 부모가 서로 대화하는 모습을 보여주어야 합니다.

함께 외출하고 활동하면, 그만큼 대화거리가 많아집니다. 사진도 많이 찍을 수 있고, 함께 기억을 더듬어가며 할 이야기가 생깁니다. 책을 읽는 활동은 언어 발달에 정말 좋습니다. 간접적인 지식을 쌓고 부모와 대화를 이어나가며, 책 속에 나타난 어휘와 문법 표현들은 자연스럽게 아이에게 스며들 것입니다. 엄마 아빠의 성향과 성격에 맞추어 아이를 키우고 그 속에서 충분한 언어 자극을 주면 됩니다.

우리 아이, 어린이집에 빨리 보내서 말을 못 할까?

우리 아이의 말이 느리다면 많은 생각이 들 것입니다. '내가 못해 줘서 그런가?', '너무 아기일 때부터 어린이집을 보내서 말을 못하는 것인가?' 여러 가지 생각이 듭니다. 누누이 강조하지만, 그저 우리 아이의 발달 속도가 다른 것일뿐, 어떤 이유로 그렇게 된 것은 아닙니다. 혹시라도 우리 아이를 너무 이른 개월 수에 어린이집을 보내서 발달이 느리다고 생각하는 엄마 아빠는 절대 없었으면 좋겠습니다.

각자 사는 모양은 사람마다 정말 다릅니다. 어떠한 이유에서든 아이를 어린이집에 빨리 보낼 수도 있고, 늦게 보낼 수도 있습니다. 아이를 어린이집에 빨리 맡겼더라도 아이에게는 다른 또래들을 관찰하고 보고 배울 기회이고, 다정한 선생님들로부터 사랑을 느끼고 보고 듣고 배울 수 있습니다. 아이들이 어린이집에서 가만히 있는 것이 아닙니다. 보육에 초점이 맞춰졌다 하더라도, 선생님과 상호작용을 하고, 따뜻한 보살핌을 받습니다. 아직 또래와 놀이할 수는 없지만, 친구는 어떤 행동을 하는지 볼 수 있고 또 친구를 만져볼 수도 있습니다. 가끔은 장난감을 뺏기도, 뺏기기도 하며 감정을 알아갈 수 있습니다. 이처럼 어린이집을 일찍 보냈다고 해서 발달에 좋지 않은 영향을 준다고 단정 지을 수 없습니다.

단, 어린이집에서의 학대와 방임은 다른 이야기입니다. 가끔 뉴스를 통해 나오는 기사들은 끔찍하고 절대 일어나서는 안 되는 일이 많습니다.

어린이집에서의 학대는 아이에게는 정말 큰 트라우마가 되며, 언어, 인지, 정서발달에 악영향을 끼칩니다. 학대를 겪은 아이는 외상성 스트레스 장애를 겪게 되고, 함묵증 등 심리적 어려움을 겪기도 합니다.

언어적 표현을 하지 못하니, 쉽게 드러나지 못할 수도 있습니다. 아이의 학대가 의심된다면, 바로 전문기관의 도움을 받아야 합니다. 외상성 스트레스를 치유할 심리적 치료도 필요합니다. 아직 표현이 서툰 아이가 학대가 의심되는 경우는 다음과 같은 경우 생각해 볼 수 있습니다.

어린이집에서의 학대가 의심되는 경우
- 상처나 멍이 자주 발견되고, 그에 대한 자세한 설명을 듣지 못하는 경우
- 평소와 다르게 자주 울거나, 잠을 깊게 자지 못하고 자주 깨서 우는 경우
- 손이 올라가는 행동만 보아도 움찔거리거나 숨으려고 하는 경우
- 적응 기간이 훨씬 지났음에도 등원을 거부하는 경우

실제로 많은 아이를 보아 오면서 학대가 의심되는 사례도 있었습니다. 아이의 행동이 산만하다며 모래 조끼를 입혀 움직이지 못하게 의자에 앉힌 채 내버려 둔 일도 있었고, 다른 아이의 낮잠에 방해된다며 복도에 방치하는 경우도 있었습니다. 직접적인 폭력

을 당한 경우는 없었지만, 그런 사례를 접했을 때 너무나 속상하고 화가 나 매우 힘들었던 기억이 납니다. 특히 말 표현이 서툰 아이에게는 그런 일이 더욱더 서럽게 느껴집니다. 아이가 혹여 이런 일을 당하지 않도록 주의를 기울여야 할 것입니다.

> **아이의 말문을 여는 법**
>
> 성격은 타고나는 것으로, 장단점이 다를 뿐 좋은 성격과 나쁜 성격은 없습니다. 엄마 아빠가 내성적이더라도 아이와 일상을 공유하고 이야기할 수 있는 활동을 많이 해 주세요.

언어 발달에는
이런 것이 좋아요

5. 책 읽기

   책 읽기라고 적었지만, 사실은 '책 놀이'나 '책 활동'으로 부르고 싶습니다. '읽기'에서 오는 어감은, 책에 쓰여 있는 줄글을 아이에게 읽어 줘야만 하는 느낌이 들기 때문입니다.

   부모 상담을 진행할 때 책을 많이 강조합니다. '아이에게 책을 많이 읽어 주세요'라고 말하면 '우리 애가 책을 별로 안 좋아해요, 책을 읽으려고만 하면 그냥 덮어버려요, 보려고 하는 곳만 봐요, 자꾸 왔다 갔다 넘겨요, 사운드만 누르려고 해요, 종이를 찢어요' 등 수많은 피드백과 질문을 받습니다. 왜 아이는 책을 그냥 덮어 버리려 할까요? 어쩌다 책은 보는 존재가 아닌 닫고, 찢고 던지는 존재가 되었을까요? 그 이유는 재미가 없기 때문입니다. 아이가 다른 장난감은 좋아하면서 책을 좋아하지 않는다면, 그것은 아이가 책을 놀이로 받아들이는 것이 아닌 무엇인가를 자꾸 인식해야 하는 지루한 활동이라고 생각하고 있을 가능성이 큽니다.

많은 부모에게 "책을 어떻게 읽어 주고 계세요?"라고 물어보면, "책에 쓰여 있는 글 위주로 읽어 줘요. 열심히 흉내 내기도 하면서 읽어 주는데 아이가 흥미를 못 느껴요"라고 말합니다. 책을 어떻게 접근시켜야 아이가 좋아하는 장난감이자 놀이이자 흥미진진 대상으로 느낄까요?

첫 번째 단계는 바로 줄글에서 벗어나야 한다는 것입니다. 줄글을 읽는 게 안 좋고 나쁘다는 이야기가 절대 아닙니다. 중요한 것은 아이의 눈높이에 맞춰서, 아이가 흥미를 느낄만한 것에 집중해서 함께 보는 것입니다. 책은 처음부터 끝까지 한 방향으로만 넘기며 읽는 것이 절대 아닙니다. 아이가 언제든 앞장을 다시 펼칠 수 있고, 두 장 세 장 한꺼번에 넘길 수도 있고, 생각나면 다시 그 장면을 찾아 펼칠 수도 있어야 합니다. 그러면서 점점 그 책에 관한 내용과 이야기에 대한 이해가 생겨 나중에는 줄글만 읽어 주어도 아이가 흥미롭게 함께 보는 것을 목표로 해야 합니다.

줄글을 읽어야 한다는 강박에서 벗어나면, 아이와 이야기할 거리가 더 많아집니다. 내가 못 보던 것을 아이가 찾아내고 이야기하기 시작합니다. 작가의 숨은 의도나 재미를 위해 숨겨놓은 그림도 찾을 수 있습니다. 또한 상황에 대한 이해가 높아지고, 제스처나 행동에 대한 이해, 사회적 언어와 기술들의 이해를 높여줍니다. 그림에 집중하기 시작하면 아이가 더 표현하기 시작합니다. 아이가 먼저 스스로 책에 대해서 언급하기 시작합니다. 감탄하며 까르르 웃으며 책에 집중합니다.

책은 이제 더는 지루하거나 처음부터 끝까지 집중해야 하는 학습 도구가 아닙니다. 아이가 아기 때부터 책을 가까이해야 합니다. 책을 재미를 느끼는 대상으로 인식하고, 스스로 한 장 한 장 넘기는 경험을 하면 아이는 나중에 훌륭한 독자가 될 수 있습니다.

당장 줄글에서 자유로워지는 기술이 어렵다고 느껴진다면, 글자가 쓰여 있지 않은 그림책 위주로 선택을 하는 것이 좋습니다. 그림만 나와 있는 그림책은 상상력을 자극할 수 있고 인물을 따라가다 보면 줄거리를 이해하는 능력이 길러집니다. 여러 등장인물이 처한 각기 다른 상황의 흐름을 이어가고 집중하며 볼 수 있습니다. 서점에 나가 보거나 블로그를 검색해 보면 훌륭한 책을 쉽게 찾을 수 있습니다. 그림책으로 유명한 작가들의 책 목록을 참고하며 선택해 보는 것을 추천합니다. 책은 아무리 강조하여도 지나침이 없습니다.

어른들의 독서도 매우 중요하지만, 그 중요한 어른의 독서를 이어가려면 아기 때부터, 어릴 때부터 책을 좋아하는 사람으로 만들어줘야 합니다. 우리는 아이들이 책을 좋아하는 좋은 독자가 되도록 도와주어야 할 의무와 책임이 있습니다. 책을 통해 사회의 간접적인 경험을 할 수 있고, 타인을 공감할 수 있는 능력을 배울 수 있습니다. 또한 책은 자기 생각과 의견을 확장하고, 문학적인 사색을 할 수 있도록 도와줍니다. 모든 것을 직접적인 경험을 통해 배울 수 없기에, 책이라는 아주 훌륭한 매개체를 통해 배워야 합니다.

6장

"말 잘하는 아이는 이것이 다릅니다"

언어 발달의 강화

이중 언어를 받아들이는 자세

 언어 발달을 하기 시작한 아이들의 엄마 아빠는 자연스럽게 영어에 대한 관심이 높아집니다. 과연 우리 아이들의 영어는 언제 시작하면 좋을지, 일찍 노출을 해야 하는 것인지 아니면 한글처럼 특정 연령이 되어야 하는 것인지 고민될 수 있습니다.

 세상에 태어난 지 얼마 되지 않은 아이들은 아직 '모국어' 말소리에 대해 구별할 수 없습니다. 그러나 2~3개월부터는 들리는 말소리가 무슨 말인지 몰라도 모국어에 대한 말소리 분별 능력이 생겨납니다. 우리에게 모국어는 자연스럽게 발달하는 제일 첫 번째 언어입니다. 우리는 한국에 태어났으니 당연히 한국어가 모국어가 되지요. 영어를 받아들이려면 모국어에 대한 습득이 안정적으로 일어나고 있어야 합니다. 다문화 가정 혹은 이민 가정의 경우는 태어나는 순간부터 이중 언어 환경에 노출됩니다. 이러한 이중 언어 환경에 노출된다 하더라도, 아이는 자신에게 좀 더 편한 언어를 선택하는 경향이 있습니다. 둘 중 하나만 선택하여 발달한다는 뜻은 아닙니다. 이중 언어를 사용하는 환경에서는 아이는 좀 더 편한 언어를 따르면서도 동시에 발달할 수 있습니다.

이중 언어 환경에 노출된 아이

성인이 된 이후 미국에서 취업을 해 직장 생활을 하는 민경 씨가 있었습니다. 민경 씨는 중학생 때 미국으로 이민을 간 배우자와 결혼했습니다. 그리고 아이가 태어나 아이를 어린이집을 맡기게 되었습니다.

어린이집 선생님은 브라질 출신의 선생님으로 영어보다 스페인어를 주로 사용했습니다. 민경 씨의 아이는 자연스럽게 3중 언어에 노출이 된 셈입니다. 아이는 현재 두 돌이 채 안 되었지만, 주로 한국어로 많이 표현하고, 노래와 감탄사 및 몇몇 표현은 영어로 표현합니다. 또 어떤 단어들은 한국어도 영어도 아닌 스페인어를 선택하여 사용합니다. 아이의 입장에서는 어떤 단어는 두 가지 언어보다 스페인어가 훨씬 발음하기 편하거나, 먼저 그 표현에 노출되었기 때문에 사용합니다. 아이는 흥이 많고, 사람을 좋아하며, 외향적으로 활동하기 좋아했습니다. 다른 사람과 소통하는 것을 즐거워하며 하루가 다르게 잘 발달했습니다.

반면, 이중 언어 환경으로 언어 지연이 오는 경우도 많습니다. 우리나라의 다문화 가정은 대부분 아시아권 어머니와 한국인 아버지로 구성되어 있습니다. 필리핀, 몽골, 캄보디아, 베트남, 중국 등의 국적을 가진 엄마는 한국에 와서 아이를 낳고 키울 때, 예상 외로 아이에게 자신의 모국어를 쓰지 않는 경우가 많습니다.

자신의 모국어로 소통하기보다, 자신도 어려운 한국말을 아이에게 하자니 너무 힘들어 표현을 많이 하지 않는 쪽을 선택하는 경우가 많습니다. 게다가 주변 어른들은 한국에서 살면 한국말을 해야 하니 아이에게 한국어를 많이 쓰라는 말을 쉽게 내뱉기도 합니다.

부부가 서로 한국어나 영어, 또는 배우자의 모국어로 서로 소통이 잘 되는 경우라면 아이가 언어 발달을 하기 좋은 환경입니다. 반면에 부부가 서로 소통이 제대로 되지 않거나 대화가 많이 없으면, 전반적으로 가정 내에서 어떤 언어든 표현이 줄어들게 됩니다.

이처럼 아이에게 영어를 자연스럽고 재미있게 자극해 줄 수 있는 환경이라면, 아이에게 영어 노출은 모국어에 대한 이해와 표현이 나온 이후에는 해도 좋습니다. 그러한 환경이 아니라면, 한국어를 안정적으로 잘 발달시킨 이후, 5세 이후에 재미와 흥미를 자극할 수 있는 방법으로 노출하는 것이 바람직합니다.

영어유치원에 보내면 안 될까?

이 질문의 대답은 아이의 발달 상황에 따라 달라질 수 있습니다. 다음과 같은 경우라면 영어유치원과 영어놀이학교보다 일반 어린이집 및 유치원을 고려하는 것이 좋습니다.

영어유치원을 권하지 않는 경우
- 36개월 이전의 영유아 아동
- 아이의 언어 발달이 느리고, 검사 결과 언어 발달연령이 실생활 연령보다 낮은 경우
- 조음 음운(발음)의 어려움이 있는 경우
- 듣기 이해력이 낮은 경우
- 문장 모방에 어려움이 있는 경우
- 말더듬 등의 비유창성을 보이는 경우
- 경계선 지능인 경우

앞에 언급된 모든 경우는 '언어 발달지연'입니다. 한국어에 대한 발달이 지연되어있거나 느린 경우, 경계선 지능으로 인하여 반복 학습이 필요한 경우, 다른 장애로 인하여 영어 학습에 어려움이 있는 경우는 한국어를 사용하는 기관에 다니는 것이 좋습니다.

36개월의 영유아 아동의 경우 모국어 발달이 우선적으로 활발하게 일어나야 하기 때문에 영어놀이학교는 고려하지 않는 것이 좋습니다. 36개월 이전의 아동이 한국어 발달이 빠르게 일어나고 영어에 대한 흥미가 높은 경우라면, 재미 위주의 영어 노출을 해도 되겠지만, 모국어에 대한 집중이 필요한 시기입니다.

조음음운의 어려움을 보이는 경우는, 음운에 대한 인식력이 낮아 발음에 어려움을 보이는 것이라면 더더욱 영어유치원보다 일반 기관에 다니는 것이 좋습니다. 음운에 대한 인식력 부족으로 조음의 어려움을 보인다면, 추후 한글 습득에 있어서도 어려움을 보일 수 있고 영어 학습에는 더 어려운 곤란을 겪을 수 있습니다. 특히 말더듬 현상을 겪는 아이는 언어 자체의 부담감을 덜어줄 필요가 있습니다.

이중 언어로 인하여 언어적 부담이 커진다면 아이의 비유창성은 더욱 증가하게 될 수 있습니다. 이러한 경우 특히 일반 기관을 다닐 것을 권유합니다. 아이를 둘러싼 외부 환경을 최대한 부담감을 줄여줄 수 있는 방향으로 바꿔야 합니다. 말더듬으로 힘들어하지만 아이가 영어에 대한 흥미는 높은 편이라면, 기관은 일반 유치원으로 다니면서 따로 영어 수업을 받는 방향으로 바꾸어 주는 것도 하나의 방법입니다.

영어유치원 입학을 고려한다면

그렇다면 어떤 경우에 영어유치원을 고려해도 될까요? 부부 중 어느 한쪽이 영어 사용자라면, 아이도 자연스럽게 영어유치원 혹은 국제학교에 다니는 것을 고려할 수 있습니다. 자연스러운 영어 대화가 가능하고, 아이가 자연스럽게 이중 언어에 노출될 수 있는 환경이라면 영어유치원을 다니는 것이 교육적으로 더 효과가 좋을 수 있습니다.

또한 한국어 발달이 빠르고 36개월 이후의 아이이면서, 영어에 대한 흥미가 있는 경우라면 영어 기관을 고려해도 괜찮습니다. 한국어 발달이 빠르다고 무조건 엄마 아빠의 생각으로 영어유치원을 입학시키는 것은 아이에게 부담을 줄 수 있습니다. 영어유치원 입학을 고려하기 전에, 영어에 대한 노출을 조금씩 시켜주며 아이가 받아들이는 모습을 살펴야 할 것입니다. 만약 아이가 새로운 어휘도 바로 받아들이고, 듣고 모방하는 능력이 좋은 경우라면 영어유치원에 가서도 커리큘럼대로 잘 따라가며 즐겁게 생활할 가능성이 높습니다.

영어 동영상을 보여줘도 될까?

앞서 미디어 노출에 대해 이야기했듯, 영어 동영상 노출은 되도록 긴 시간을 하지 않는 것이 중요합니다. 하루 중 1시간 미만으로, 연속된 시간이 20분이 넘지 않도록 지켜주는 것이 좋습니다. 아이에게 영어 동영상을 보여 주고 싶은 목적이 '영어 학습'에 있다면, 영어 동요부터 접근하는 것이 낫습니다. 시각을 자극하는 영상보다는 청각 활동인 듣기 위주로 노출하는 것이 훨씬 효과적일 수 있습니다.

영상은 그야말로 시각적 흥미를 유발하고 휘발성이 강하기 때문에 영상을 통하여 새로운 지식을 습득하기에는 효율적이지 않습니다.

아이들 중에는 유독 영어 영상에 대한 집착을 보이는 경우가 있습니다. 특히 특정한 영상에 꽂혀 그 영상만 보길 원하는 경우, 또는 영어 숫자 관련 영상에만 관심을 보이고 집착하는 경우라면 절대적으로 영상을 멀리하는 것이 좋습니다. 한 가지 부분에 과도하게 집착하는 것은 아이의 발달에 좋은 영향이 없기 때문입니다. 다만 아이가 언어 발달이 좋은 편이고, 영어에 흥미를 보이는 경우라면 시간을 지키며 일상과 관련된 어린이 영어 영상을 보여 주어도 괜찮을 것입니다.

> **아이의 말문을 여는 법** 🔊
>
> 36개월의 영유아 아동이나 조음 음운의 어려움을 보이는 경우는 영어유치원보다 일반 기관을 다니는 것이 좋습니다. 모국어 발달이 우선 활발하게 일어나는 것이 중요합니다.

모국어 한국어도 조기 조치가 중요하다

언어 치료를 시작하는 연령이 점점 낮아지고 있습니다. 예전에는 36개월까지 기다리는 경향이 강했다면, 이제는 점점 더 치료적 접근을 빨리 하자는 주의로 바뀌고 있습니다. 치료사들의 인식도 부모의 인식도 많이 달라지고 있습니다. 앞서 우리 아이 삶의 질에 대해 생각해 볼 필요가 있다고 언급했습니다. 우리 아이가 현재 언어가 트이지 않아 짜증이 늘고, 고집이 세지고 힘들어한다면, 또한 부모가 아이의 말을 알아들을 수 없어 답답함을 느낀다면 지체 없이 언어 치료를 받길 권하고 싶습니다.

만약 우리 아이가 24개월이고 이해는 다 하는데 표현이 전혀 늘지 않는 상황이라면 어떻게 해야 할까요? 이럴 때 마냥 기다려야 하는 건지 빨리 언어 치료를 받아야 하는지 고민이라면, 이렇게 한 번 생각해 볼 필요가 있습니다.

이중언어인 영어는 조기교육을 받아야 하나 생각하면서, 왜 모국어인 우리 한국어는 손 놓고 기다려야 할까요? 고민하지 말고 도움을 받을 수 있다면 빠르게 도움을 받는 것이 중요합니다. 영유아 아동일수록 부모 교육과 부모 상담의 중요성이 매우 강조됩니다. 언어 치료를 빠르게 고려하되, 부모 교육 및 상담을 잘 받을 수 있는 기관이나 선생님을 선택하는 것이 좋습니다. 아이에게 최고의 언어 선생님은 엄마 아빠임이 분명하니까요.

영유아 재활에서 가장 이상적인 방법은 언어 치료에 주 양육자가 참여하는 것입니다. 아이와 함께 언어재활사 선생님과 활동을 즐기고, 어떻게 언어적 자극을 주어야 하는지 적재적소에 설명을 들어가며 배우는 것이 좋습니다. 그러나 현재 언어 치료 현장에서는 대부분 1:1 분리 수업 후 부모 상담을 진행합니다. 부모 참여 수업을 할 수 있으면 좋겠지만, 1:1 분리 수업이 좋지 않은 것은 아닙니다. 어떤 아이들은 너무 엄마 아빠에게 의존해 표현을 하지 않기도 하고, 엄마 아빠가 옆에 있으면 더욱 고집을 부려 행동이 통제되지 않기도 합니다. 이러한 경우는 반드시 분리 수업 후 부모 상담을 진행하는 것이 좋습니다.

언어 치료의 효과를 극대화하려면, 언어재활사 선생님과 아이가 충분히 친밀감이 형성되어야 하고, 부모 참여 수업을 하거나, 부모 교육 및 상담이 원활히 잘 이루어져야 합니다. 영유아의 경우는 잠재력이 크고, 뇌의 가소성이 활발하게 일어나는 시기이므로, 언어적 환경을 조금만 바꿔 주어도 발달이 빠르게 일어날 수 있습니다. 또한 언어 표현이 빠르게 나오지 않더라도, 이해 언어가 높아져 아이가 한결 편안해하거나 엄마 아빠의 힘들었던 마음이 나아질 수 있습니다. 우리 아이가 언어가 느려 많이 힘이 든다면, 반드시 전문가를 찾아 진단을 받고 가정 내에서 도움을 줄 수 있는 방법을 적극적으로 바꾸고 배워야 합니다. 18~36개월 사이 영유아라도 발달에 지연을 보인다면 중재 받기를 추천합니다.

언어 치료는 꾸준함이 중요하다

　상담하며 어머님들에게 가장 많이 받는 질문 중 하나가 바로 "언어 치료는 얼마나 받아야 하나요?"입니다. 언어 치료의 효과가 있으려면 지속적으로 수업을 받는 꾸준함이 필요합니다. 정기적으로 주 1~2회씩 빠지지 않고 온 아이와, 여러 이유로 간헐적으로 중재를 받은 아이는 차이가 있을 수밖에 없습니다. 무엇이든 빠지지 않는 성실함이 최고이지요. 그리고 그 지속을 적어도 6개월 이상 했을 때, 아이의 언어 발달의 상태와 예후를 예측할 수 있습니다. "언어 치료 1년이면 아이 말 다 합니다", "제 말만 들으시면 아이 말 터져요" 라고 말하는 언어재활사는 없을 것입니다. 누가 봐도 약간 사기꾼 같은 느낌이 들지요. 아이의 언어 치료를 진행하기 전에 정확한 진단 평가가 필요합니다. 현행 수준을 파악하여 그에 맞는 적절한 중재를 적어도 6개월 이상 빠지지 않고 받아 보았을 때, 아이의 진전을 파악할 수 있습니다. 언어 치료를 더 지속해야 할 것인지, 아니면 종결을 해도 될 것인지 판단할 수 있는 최소의 기한은 6개월입니다. 그런데, 언어라는 것이 1년만 도움을 받는다고 완전히 발달하는 것이 아닙니다. 언어가 발달하며 연령이 높아지면 또 새로운 언어 기술들을 습득해야 합니다.

학령기 전 아이들이 그야말로 '의사소통' 자체에 목적을 두고 구어 발달에 힘 쏟는 시기라면, 학령기가 되면 문어 발달을 하게 됩니다. 더 고차원적인 의사소통 기술이 필요하며 이를 '상위언어 기술'이라고 표현합니다. 읽기와 쓰기를 비롯해, 예측과 추론, 비판 등 다양한 논리적 언어 기술들을 향상시켜야 하지요. 또한 '화용' 언어 발달도 매우 중요한 요소입니다. 아이가 말은 잘 하는데, 상황에 필요하지 않은 말을 하거나, 친구에게 해서는 안 될 말을 하는 등의 화용적 문제가 두드러진다면 사회성에 큰 어려움을 줄 것은 당연합니다. 언어 치료를 받으려면 다음과 같은 순서가 진행되어야 합니다.

언어치료의 순서

- 초기 상담 → 언어 평가 실시 → 언어 평가 해석 상담 → 개별화된 장단기 목표 → 언어 치료 → 6개월이나 1년 단위의 진전 평가 → 종결 여부

초기 상담의 중요성

초기 상담은 언어 평가를 실시하기 전에 반드시 선행되어야 합니다. 초기 상담을 통하여 아이의 배경 정보를 수집하고, 초기 행동 관찰을 통하여 아이의 언어 및 상징 행동의 수준을 살펴볼 수 있습니다. 그리고 연령과 수준에 따라 어떤 언어검사를 진행할지 결정하게 됩니다.

아이의 성장 과정은 매우 중요합니다. 아이를 임신했을 때, 출산했을 때 특별한 일이 있었는지, 출생 후 눈마주침 등 기본적인 상호작용은 어떠했는지, 옹알이 산출량 및 첫 낱말 산출은 어떠했는지, 그 외 신체 발달 및 자조적 능력에는 어떤 수준을 보이는지에

대해 면밀히 상담할 필요가 있습니다.

간혹 어떤 어머님들은 다른 곳에서 초기 상담을 진행했는데 언어평가를 바로 하면 안 되냐고 묻기도 합니다. 기관이 다르다면 당연히 상담 내용이 공유될 수 없고, 또한 이전 기관에서 놓쳤던 부분을 살펴볼 수 있는 기회가 되므로 어떤 기관을 방문하더라도 초기 상담은 필요합니다. 병원을 이용하여도 먼저 외래진료를 받고 의사의 오더에 따라 검사가 진행되는 것은 동일하기 때문입니다. 다른 병원을 갔다 왔다 하더라도 환자의 의료 정보가 공유되지 않지요. 만약 이미 대학병원 또는 종합병원의 검사 결과가 있다면, 초기 상담 후 결과보고서를 토대로 바로 장단기 목표를 설정 후 언어 치료를 진행할 수 있습니다.

일관성 있게 언어 치료를 받아왔다면, 6개월 혹은 1년 단위로 아이의 언어에 대한 진전을 평가할 수 있습니다. 기초선이 확실하게 있어야 아이가 어떤 부분이 얼마만큼 발달했는지 비교할 수 있기 때문에 정확한 진단 후 언어 치료를 진행하는 것이 중요하고, 진전 평가 또한 중요합니다.

언어라는 것이 단기간으로 좋아지지 않고, 학령전기와 학령기를 걸쳐 꾸준히 필요한 경우도 있어, 언어 치료가 장기적으로 필요한 아동이라면 진전평가는 1년 단위로 받아보는 것도 좋습니다. 그러나 언어 치료 과정 중 항상 아이의 반응을 보고 장단기 목표는 수정될 수 있고, 또 수정되어야 할 것입니다. 이러한 접근법을 '중재반응접근법'이라고 부릅니다. 언어는 끊임없는 상호작용의 연속이기 때문에, 아이의 반응과 진전 상황을 체크하며 언어 치료를 받아야 할 것입니다.

놀이 치료의 핵심은 아이의 심리

치료실을 방문하면, 언어 치료실도 놀이 치료실도 별다른 구분이 가지 않습니다. 또 어린아이일수록 장난감을 가지고 놀면서 수업을 하기 때문에 언어 치료와 놀이 치료를 구분하기 어려워하는 분들이 있습니다. 가장 큰 차이는 '각 치료가 초점을 맞춘 목표가 무엇인가'입니다. 언어 치료는 그야말로 '언어' 자체에 목표를 두고 진행하고, 놀이 치료는 아이의 '심리'에 초점을 맞춰 진행합니다.

놀이 치료는 놀이라는 매개를 통하여 아이의 마음을 읽거나 심리적 불안감, 스트레스를 표출하는 심리적 치료입니다. 외상 후 스트레스를 겪는 아이는 당연히 놀이 치료가 권고되고, 언어에 지연을 보이는 아동은 언어 치료가 우선 권고되어야 할 것입니다.

그렇다면 심리에 어려움을 겪는 아이만 놀이 치료를 할까요? 그렇지 않습니다. 언어 치료를 받고 있는 아동이라면, 놀이 치료도 병행되어야 할 가능성이 높습니다. 그 이유는 '놀이'는 아이들의 발달에 빠져서는 안 되는 영역이고, 상징 행동과 밀접한 관련이 있기 때문입니다. 상징 행동 및 상징 놀이가 발달해야 아이의 인지적 영역과 언어적 영역도 확장될 수 있습니다. 또한 아이가 언어가 되어야 놀이 치료를 받더라도 자신의 마음을 마음껏 표현할 수 있을 것입니다.

발달에 어려움을 겪는 아동에게는 언어 치료와 놀이 치료는 빠지지 않게 함께 권고되는 경우가 많습니다. 예를 들어 말을 더듬는 아동에게는 언어 치료만 받는 것보다 놀이 치료를 함께 받으며 진행하는 것이 더 도움이 될 수 있습니다. 아이 스스로가 자신의 비유창성을 인지하고 그에 따라 스트레스를 많이 받고 있는 상황이라면 놀이 치료나 미술 치료 등 심리적 지원을 함께하는 것이 좋을 것입니다. 미술 치료 또한 '미술'이라는 매개로 심리적 지원을 하는 치료입니다.

언어 치료 시 장난감을 이용하는 이유는 당연히 아이는 놀이를 하며 재미있게 상호작용해야 언어를 학습할 수 있기 때문입니다. 아이가 언어적 소통의 즐거움을 알아야 합니다. 자연스럽고 즐거운 상황에서 아이가 말하고자 하는 동기가 높아지고 발달이 활발하게 일어납니다.

많은 어머님이 어린아이에게 말을 가르치려면 '명사 카드'로 학습시키면 되냐고 묻습니다. 그렇지 않습니다. 언어는 기능적이어야 하고 재미있는 상호작용이어야 합니다. 카드가 필요한 경우는 아이의 수준에 따라 다르고, 연령이 좀 더 높을 때, 또 조음 훈련을 할 때 효과적으로 활용할 수 있습니다. 영유아에게 카드는 흥미를 유발하기에는 제한이 있습니다. 반면 책은 아이의 흥미를 불러일으키기에 충분합니다. 그래서 영유아 재활에서는 다양한 장난감과 책을 활용하여 치료를 진행합니다.

장애가 없는데 언어 치료를 받아야 할까?

장애를 떠나 언어적 지연을 보이고 있는 아이라면 당연히 언어 치료를 받아야 합니다. 언어 장애를 보이는 아동 중 상당수는 단순 언어장애(Specific Language Disorder)입니다. 선천적 또는 기질적 장애를 가지고 있지 않음에도 언어의 지연을 보이는 경우를 단순 언어장애라고 말합니다. 단순 언어장애를 보이는 아동들은 적절한 언어 치료를 통해 언어 발달이 충분히 향상될 수 있습니다. 언어, 인지 등 장애를 가지고 있는 경우에만 어려움이 있는 것이 아닙니다. 그렇기 때문에 '장애가 없는데 언어 치료를 왜 받아야해?'라고 생각하지 말고, 아이에게 어려움이 있다면 바로 개입해야 합니다. 또한 미처 발견되지 못한 장애를 치료적 개입을 통해 발견할 수도 있습니다. 부모가 판단하기에는 아이가 장애를 가지고 있지 않다 생각되어도 사실은 아이가 장애를 가진 경우도 있고, 경계선상이기 때문에 잘 드러나지 않을 수도 있기 때문입니다.

언어 지연을 보이는 아동 중 '자폐 스펙트럼' 증상을 보이는 아이들이 있습니다. 말 그대로 광범위하기 때문에 스펙트럼이라고 부르는데, 그 증상이 경하여 엄마 아빠에게는 잘 보이지 않거나 문제라고 생각되지 못하는 경우도 있습니다. 혹은 사실 알고 있지만, 심리적으로 거부하고 회피하고 싶어 하는 분들도 있습니다. 아이의 상태를 받아들이기에는 마음의 준비가 되지 않을 수 있지요. 항상 말씀드리지만, 아이가 어려움을 겪는 것은 방임과 학대를 하지 않은 이상 엄마 아빠 때문이 아닙니다.

아이의 말문을 여는 법 🔊

아이 삶의 질을 생각하여, 마냥 기다리기보다 언어치료를 하는 연령이 낮아지고 있습니다. 언어치료를 빠르게 고려하되, 부모교육 및 상담을 잘 받을 수 있는 기관이나 선생님을 선택하는 것이 좋습니다.

빠른 치료가
아이의 말문을
연다

아이를 위해서라면 현 상태를 정확히 진단받고 확인해야 합니다. 언어 장애가 있다고 진단할 수 있는 기준은 실생활 연령과 발달 연령이 2년 이상 지연되었을 때, 또 적절한 치료를 꾸준히 받았음에도 그 차이가 줄어들지 않거나 오히려 증가했을 때 언어 장애로 진단될 수 있습니다. 만약 아이의 장애 정도가 심하다면, 장애 진단을 받고 행정적으로 장애 등록을 하는 것이 바람직합니다.

행정적으로 장애 등록을 한다면, 장애인으로 당연히 지원 받을 수 있는 여러 가지 복지혜택을 받을 수 있습니다. 특수학교나 특수학습에 배치를 받으려면 '특수교육대상자'로 선정이 되어야 하는데, 이 특수교육대상자와 장애인 등록은 별개입니다. 장애 등록과 특수교육대상자 선정은 관할 부서가 다릅니다. 장애 등록은 보건복지부에서 담당하고 있으며, 특수교육대상자 선정은 장애 등록과 상관없이 교육적 대상 여부를 판단하기 때문에 교육부에서 담당하고 있습니다. 경계선 지능을 가진 친구들은 장애 진단을 받지 못하는 경계에 해당하므로 장애 등록과 상관없이 특수교육대상자 신청을 할 수 있습니다.

종종 장애등록과 특수교육대상자 신청을 하지 않아, 각종 행정 및 특수교육에서의 지원을 받지 못한 채 사각지대에 놓일 수 있습니다. 또는 장애 진단이나 특수교육대상자로 선정 받지 않은 채 아이를 일반 학교에 진학시키면 여러 가지 난감한 상황이 발생하기도 합니다.

아이가 당연히 특수교육을 받아야 함에도 대상자로 선정되지 못하면 일반 학급에서 지내야 하고, 개별화된 특수교육에서 배제됩니다. 또한 일반 학급의 친구들은 아이에 대해 제대로 파악하지 못하고 부차적적으로 곤란한 상황이 벌어질 수 있습니다. 실제로, 아이의 장애를 심리적으로 받아들이지 못하고 거부하여 아이가 학교에서 방치되는 경우가 있었습니다. 힘겹겠지만 아이의 상태를 온전히 받아들이고, 우리 아이가 받을 수 있는 최선의 교육적 지원을 받을 수 있도록 도와주어야 합니다.

치료 후 아이의 말문이 터지는 시기

아이가 언제부터 말할 수 있는지 정확히 아는 사람은 없습니다. 그저 아이의 발달 상황을 보며 조심스럽게 예측해 볼 뿐입니다. 아이의 언어적 어려움이 단순 언어지연에 의한 것이라면 비교적 짧은 시간 안에 언어가 확 트일 수 있습니다. 반면 아이가 보이는 언어 및 인지적 행동이 매우 제한적이라면, 또 장애 정도가 매우 심하고 지능이 낮다면, 아이의 발화 가능성이 없을 수 있습니다. 이를 두고 우리는 '무발화' 아동이라고 말합니다.

아이의 언어와 인지, 지능은 따로 생각할 수 없는 밀접한 관계입니다. 지능이 매우 낮고 인지적 기능이 좋지 않다면, 언어 또한 제한적으로 느리게 발달할 수밖에 없습니다. "무발화 아동 말할 수 있게 해 드립니다", "여기서 치료 받으면 말할 수 있습니다" 등의 말을 제대로 공부하고 양심적인 치료사라면 속단하며 말할 수는 없을 것입니다.

언어 치료의 목표가 '말소리 표현'만 있는 것이 아닙니다. 의사소통 의도가 전혀 없는 아동이라면 아주 작은 것부터 상호작용을 할 수 있도록 도와주고, 여러 가지 이유로 말소리 표현을 하지 못하는 아이라면 '보완대체의사소통'을 통하여 자신의 생각을 표현하도록 도와주어야 할 것입니다.

보완대체의사소통(Augmentative and Alternative Communication)이란, 말과 언어 발달이 늦은 아동이나, 여러 가지 이유로 구어(Verbal speech)로 의사소통을 할 수 없는 사람을 위하여 말 대신 의사소통 도구 등의 다른 대체 방법을 사용하는 것을 말합니다. '보완대체의사소통을 이용하면 말을 더 못하게 되는 것 아닌가?'라고 생각할 수 있습니다. 그러나 여러 연구를 통하여, 또 실제 임상에서도 보완대체의사소통을 이용하였을 때 아이의 발화 가능성은 높은 것으로 나타났습니다. 아이가 의사소통의 욕구를 느끼고 어떠한 형태로든 자신의 생각을 표현하고, 그것을 받아들여 욕구가 충족되었을 때, 아이의 의사소통 의도는 더욱 증가하고 더 표현하고 싶어집니다. 한 가지의 상징을 통해 의사소통하기 시작하면, 더 많은 종류를 알고 싶어 합니다. 또 두세 가지 이상을 조합하여 문장처럼 자신의 의사를 소통할 수 있습니다. 의사소통 의도와 욕구가 높아진다면, 자연스럽게 말소리 표현욕구도 높아질 수 있습니다.

사실 치료사의 입장에서 받고 싶은 질문은 '언제부터 말할 수 있어요?'보다는, '어떻게 하면 의사소통의 재미를 붙일 수 있을까요?', '아이의 흥미를 유발하는 활동은 뭐가 좋을까요?'와 같은 당장 아이에게 도움을 줄 수 있는 구체적인 질문입니다.

아이의 말문을 여는 법

아이의 객관적인 상태를 정확히 진단받고 확인하는 것이 중요합니다. 아이의 장애 정도가 심하다면, 행정적으로 장애 등록을 한 후 아이가 받을 수 있는 특수교육을 받는 것이 바람직합니다.

내 아이의 상태를
잘 아는 사람은
부모다

언어 지연이나 발달상 어려움을 겪는 7세 아이를 둔 부모는 깊은 고민에 빠지게 됩니다. 우리 아이가 아직 학교 갈 준비가 되지 않은 것 같은데, 학교를 예정대로 보내야 할지 아니면 1년 유예를 시켜야 할지 고민이 깊어집니다. 우선 학교를 유예해야겠다고 생각되어지는 이유를 다시 한번 점검할 필요가 있습니다. 각자의 상황과 환경이 매우 다르기 때문에 학교 입학 유예를 고민할 때 무엇을 가장 중요하게 여기는지가 중요합니다. 다음과 같은 질문에 대해 깊이 생각해 보아야 합니다.

초등학교 입학 유예를 고려할 때 생각해 볼 것

- 우리 아이가 학교생활에 잘 적응을 할 수 있을 것인가?
- 우리 아이의 현재 언어발달연령과 수준은 어떠한가?
- 입학 유예를 한다면, 1년 동안 아이에게 어떤 도움을 더 줄 수 있을 것인가?
- 우리 아이의 또래 사회성은 어떠한가?

내 아이의 성향을 파악해야 한다

입학을 유예하기로 결정하기 위해 아이의 선생님과 상담을 해 보고, 다양한 의견을 구하는 것이 좋습니다. 지금 아이에게 필요한 것이 무엇인지 확인하는 것이 중요합니다. 입학을 유예한 시간 동안 아이가 성장할 수 있는 가능성이 있고, 교육적 또는 치료적 계획이 있다면 유예를 고려할 수 있습니다. 다만, 단순히 당장 또래 아이들과 큰 차이가 나는 것 같아 조바심이 나서 유예를 결정하는 것은 더 고민해 보아야 할 것입니다.

아이의 성향이 사람을 좋아하고 또래를 좋아한다면, 학교에 입학하고 나서 오히려 더 잘 적응하고 학습 동기가 좋아지는 경우도 있습니다.

실제로 제가 가르쳤던 아동 중 언어 지연이 있는 채 학교에 입학한 경우가 있습니다. 평소 사람을 좋아하고 친구들을 좋아하는 아이가 더 열심히 언어 치료를 하고, 학교 선생님 말씀을 잘 듣는 등의 긍정적인 태도를 보이며 한층 성장하는 것을 보았습니다.

주변 사람 모두 학교생활이나 학교학습이 너무 힘들지 않을까 걱정했지만, 아이는 자신의 잠재력을 스스로 키우며 발휘하고 열심히 발달했습니다. 아이가 그렇게 성장할 수 있었던 데에는 타고난 친화력, 부모의 전폭적인 지원과 응원, 같은 학교 다니는 형의 도움이 컸습니다.

나이가 되었으니 무조건 정해진 학교에 배치되어 입학하는 것은 때에 따라 도움이 될 수도, 도움이 되지 못할 수도 있습니다. 언어에 어려움이 없는 친구들도 정규 학교 생활과 학습에 적응하지 못하고 대안학교로 진학하듯, 어려움을 가지고 있는 아이들에게도 다양한 교육적 선택과 접근이 필요합니다.

장애를 가져 일반 교육이 어렵다고 판단되어지면 특수학교 진학을 고려할 수 있습니다. 혹은 어려움을 가지고 있어도 일반 학교의 특수학급의 도움을 받아 교육을 받을 수 있다면 특수교육대상자 신청을 하고, 일반 학급에서 공부할 수 있다 판단되면 일반학급으로 배치받을 수 있지요. 아이가 또래 사회성에 어려움을 겪거나,

정규 학교 과정에 심리적으로 적응하지 못하는 등의 경우라면 대안학교로 입학하는 등의 여러 가지 방법을 생각해야 합니다.

> **아이의 말문을 여는 법**
>
> 언어 지연이 있더라도 아이의 성향에 따라 입학 후 더 잘 적응하는 경우가 있습니다. 우리 아이가 학교생활에 잘 적응할 수 있을지, 또래 사회성은 어떨지, 아이의 현재 언어 발달 수준은 어떠한지 생각하여 유예를 고려하길 권합니다.

상호작용과 사회성이 중요하다

그룹 치료는 장애를 진단을 받거나 진단 받지 않더라도 발달상 지연 소견을 보여 발달 치료(언어, 인지, 놀이, 미술, 감각통합 등)를 받는 모든 아이에게 필요합니다. 특히 어떤 아동에게 더 필요할까요?

우리가 그룹 치료라고 하면 바로 떠올리는 단어가 있습니다. 바로 '사회성'이라고 하지요. 사회성은 우리가 세상 속에서 다른 사람들과 관계를 맺고 그 속에서 어우러져 자연스럽게 살아가는 능력을 말합니다. 사람은 혼자 살아가는 동물이 아니기 때문에, 관계를 맺는 모든 사람과의 사회성이 매우 중요합니다. 그런데 발달상 지연을 보이는 아이들 중에는 타인과 교류하고 상호작용하기 어려워하는 친구들이 있습니다.

그룹 치료가 필요한 아동은 다음과 같습니다.

그룹 치료가 필요한 아동

- 자폐 스펙트럼 증상을 보이는 아동
- 지적장애 및 경계선 지능을 가진 아동
- ADHD 등 주의 집중력이 낮은 아동
- 타인에게 관심이 없는 아동
- 대화 주고받기가 되지 않고, 주제 유지가 어려운 아동
- 사회적 의사소통 기술이 필요한 아동
- 감정에 대한 이해가 어려운 아동
- 상대방의 입장을 이해하지 않거나 이해하지 못하는 아동
- 발표력이 떨어지는 아동
- 또래와 잘 어울리지 못하는 아동
- 상대방에 따라 대화 참여도가 달라지는 아동
- 낯가림, 부끄러움이 많은 아동
- 청각 장애 아동
- 난독 현상이 있는 아동
- 조음 장애 아동
- 유창성 장애(말더듬) 아동

내 아이와 잘 맞는 그룹 치료 파트너는?

그룹 치료의 큰 목표는 '또래 사회성 발달'입니다. 아이가 가진 어려움에 따라, 장애군에 따라 목표가 달라지기도 합니다. 청각 장애를 동반한 아동들은 그룹치료의 주요 목표는 또래 말소리 듣기입니다. 또, 난독증, 난독 현상을 보이는 아동들은 음운 인식 및 읽기 유창성, 빠른 이름 대기 등을 목표로 짝 그룹 치료를 진행할 수 있습니다. 조음 음운에 어려움을 겪는 친구들은 그룹 치료를 통해 연습한 조음을 일반화할 수 있는 기회가 될 수 있으며, 말더듬는 아동도 자신과 비슷한 아이들과 모여 자발 유창성이나 조절 유창성의 증진을 목표로 둘 수 있습니다.

그렇다면 무조건 그룹 치료를 진행하는 것이 좋을까요? 그룹 치료를 고려할 경우 생각해 볼 것이 있습니다. 바로 '내 아이와 함께 할 아이는 어떤 아이가 좋을 것인가?' 하는 것입니다. 내 아이와 잘 맞는 최고의 파트너를 찾으려면 무엇이 중요할까요?

바로 '실생활 연령'과 '언어 연령'이지요. 실생활 연령은 같은데, 언어 수준이 많이 차이가 난다면 언어 수준이 높은 아이가 낮은 아이를 도와주는 경우가 많을 것이고, 언어 수준은 같은데 실생활 연령이 차이가 난다면, 그 아이를 둘러싼 환경과 전제 조건이 다르기 때문에 적절한 그룹 치료를 진행하기 매우 어려울 것입니다.

또한 그룹 치료와 더불어 중요한 것은 개인 치료 병행입니다. 개인 치료와 그룹 치료의 목표는 매우 다릅니다. 그룹 치료에서 보였던 부족한 부분은 반드시 개인 치료에서 보완해나가야 하고, 개인 치료에서 배우고 연습했던 것들을 그룹 치료에서 활용할 수 있어야 합니다. 이것이 바로 일반화될 수 있는 기회일 수 있습니다.

무조건 내 아이보다 더 잘해 보이는 아동이 파트너로 좋은 것이 아닙니다. 아이들마다 가진 장단점이 다릅니다. 아이들이 가진 성향과 성격의 합이 잘 맞아야 합니다. 예를 들어, 언어적 표현은 잘하는 편이지만 낯가림이 있는 아이와, 언어적 표현이 다소 부족해도 친구에게 대화 걸기를 어려워하지 않는 아동이 만났을 때는 서로 보완이 될 수 있습니다. 특히 그룹 치료가 강조되는 시기는 학교 입학이 가까워지는 6~7세입니다. 사회성은 하루아침에 좋아지고 완성되는 것이 아닙니다. 성공적인 학교생활과 또래 사회성을 위해 그룹 치료는 적극적으로 고려되어야 합니다.

> **아이의 말문을 여는 법**
>
> 그룹 치료의 가장 큰 목표는 또래 사회성 발달입니다. 그룹 치료를 고려할 경우에는 우리 아이와 함께 할 아이는 어떤 아이가 좋을지 생각해 보세요. 또한, 그룹 치료와 개인 치료를 병행하여 보완해 나가는 것이 중요합니다.

언어 발달에는
이런 것이 좋아요

6. 특수학교

　우리 아이가 장애 진단을 받을 정도의 심한 장애를 가졌거나, 또래 아동과 비교하여 치료적 개입에도 2년 이상의 차이를 지속적으로 보인다면, 아이에게는 개별화된 특수교육이 적극적으로 필요합니다. 이를 위해 완전한 특수교육을 받을 수 있는 특수학교 입학을 고려하게 됩니다.

　특수학교에 입학하려면 앞서 이야기 했던 '특수교육대상자'만이 입학할 수 있습니다. 특수학교의 선생님은 모두 특수교사로 이루어져 있고, 특수교육 과정을 받게 됩니다. 초등학교 과정부터 중학교, 고등학교 과정 더 나아가서 전공 과정의 교육(직업 교육)을 순서대로 받을 수 있습니다. 발달이 느리고 장애를 가진 아이들에게는 개별화된 특수교육이 반드시 필요합니다. 그러한 개별화된 교육을 어느 곳에서 받을 것인가는 아이와 가족의 상황에 따라 달라질 것입니다. 특수학교도 학교마다 특성화가 다를 수 있습니다. 아이가 가진 장애에 따라서 특수학교의 선택도 달라질 수 있습니다. 시각장애를 가지고 있다면 맹학교, 청각 장애를 가지고 있다면 농학교로 입학할 수 있습니다.

특수학교가 지역마다 있어서 완전한 특수교육이 필요한 아이들이 집에서 가까운 곳으로 편하게 다닐 수 있다면 참 좋겠지만, 우리나라에는 여전히 특수학교가 부족한 실정입니다. 그래서 스쿨버스를 타고 멀리 이동하며 힘들게 다니는 지역의 아이들도 있습니다. 어떤 보호자들은 아이를 위해 특수학교가 있는 지역으로 이사하기도 합니다.

예전에 비해 장애인에 대한 인식과 복지가 좋아졌다고 하지만, 우리나라는 여전히 다른 복지 선진국들에 비해서는 아쉽고 미미한 점들이 많습니다. 근거리에 특수학교가 있고, 우리 아이가 특수교육을 많이 받아야 하는 아이라면, 특수학교에 입학하여 교육을 받게 하는 것이 좋은 방법일 것입니다.

우리 아이에게 언어적 또는 인지적 어려움이 있거나 장애가 있다면, 그 정도에 따라 특수반을 고려할 수 있습니다. 일반 초등학교의 특수반을 이용하려면 우선 '특수교육대상자'로 선정이 되어야 합니다. 앞서 특수교육대상자로 선정된다면 아이는 일반 학년 반과 특수반 두 곳에 모두 배치되어 교육을 받을 수 있습니다. 아이가 따라가기 어려운 주요 과목에서는 특수반으로 가서 개별화된 교육을 받고, 그 외 시간은 반으로 돌아가 또래 아이들과 함께 어울려 생활할 수 있습니다.

우선 학교를 진학할 시기 되었다면, 7세 여름부터는 어린이집, 유치원 담임 선생님이나 치료사 선생님들과 상담하면 좋습니다. 아이가 학령기가 되어서도 특수교육이 필요하다고 판단되면, 주변 초등학교에 특수반이 있는지부터 확인합니다. 그리고 관할 교육청으로 문의합니다.

각 교육청에는 '특수교육지원센터'가 있습니다. 이곳에서는 특수교육위원회를 거쳐 특수교육이 필요한 아이들을 선정하고, 학교를 배치하고, 특수반을 이용하고 있는 학생들을 위한 특별한 교육적 지원을 합니다. 특수반을 이용하려면 특수교육지원센터에 신청해야 하는데, 이 경우 우리 아이가 특수교육이 필요한 이유와 어떤 특별한 교육이 필요한지 자세히 기술하는 것이 좋습니다. 더불어 진단서 및 소견서, 언어 평가 결과서, 특수교육 의뢰서 등을 함께 제출해야 합니다. 이러한 서류들을 미처 준비하지 못했거나, 진단서 및 평가 보고서가 없더라도 특수교육지원센터에서 직접 선별 검사 및 진단 검사를 받을 수 있습니다. 아이가 특수교육대상자로 선정되고 학교를 배치 받기까지 다소 시간이 걸릴 수 있으므로, 미리 관련 기관에 전화 등으로 문의하는 것이 바람직합니다.

또한 각 지자체에는 학습도움센터 또는 학습종합클리닉센터가 있습니다. 이 학습센터는 여러 이유로 학습에 어려움을 겪는 학생들을 위한 기관입니다. 난독 현상을 겪고 있는 학생, 경계선 지능 등 느린 학습자, 학습 부진 학생들에게 다양한 교육적 지원을 하는 곳입니다. 기초학력에 대한 사회적 관심이 점점 높아지고 있습니다. 우리 아이를 위해 도움을 받을 수 있는 곳을 알아보시길 바랍니다.

7장

"말이 트이는 말 걸기는 따로 있습니다"

언어 자극 놀이법

언어 자극 놀이법 1

해설자가 되어 주세요

아이는 언어 자극이 많아야 그만큼 듣고 배울 확률이 높아집니다. 앞서 언어 자극을 주기 위한 방법으로 아이의 행동을 말로 표현해 달라고 이야기했습니다. 말 그대로 아이의 행동을 중계하고 해설하는 해설자가 되어 주세요.

장면 1)
36개월 이하 아이가 쌀국수를 먹고 있습니다. 이 상황에서 해설자인 우리는 어떤 말을 할 수 있을까요?

"우리 예담이 식탁에 앉아 쌀국수 먹고 있네."

"숟가락으로 퍼서 먹어요./ 숟가락에 담아서 먹어요. / 이번에는 포크로 먹어요."

"젓가락질 하고 싶은데 잘 안 되네."

"그래도 엄청 열심히 먹고 있네."

"쌀국수가 진짜 길~~~다."

"아구? 포크가 떨어졌네."

"엄마가 포크 주워줄게~ 여기 있어요."

"냠냠냠 욤욤욤 쌀국수 맛있어요."

"국물도 호로록~~~ 먹어요, 캬~ 맛있다!"

"이번에는 고기도 먹으려고? 우와!"

"맛이 어때요? 에잉~ 질겨서 뱉을 거야? 퉤! 엄마 손에 뱉어!"

"냠냠~ 찹찹~ 꿀꺽! 맛있게 먹어요."

"그릇을 들어서 국물 마실 거야~"

"뜨거우면 후~~ 후~~ 불어서 마셔요."

"꿀꺽 꿀꺽~ 국물 맛나다!!"

"아빠도 쌀국수 주는거야? 우와~~ 대단하다!"

"엄마도 쌀국수 주는거야? 와 정말 멋지다!"

"나누어 먹을 줄도 알고 정말 최고야"

"아유 배불러~ 쌀국수 많이 먹어서 배불러."

"손 닦아주세요~~ 물티슈로 닦아주세요~~"

자연스럽게 일어나는 우연 학습

먹고 있는 장면부터 무슨 말을 해야 하는지 쭉 적었습니다. 실제로 쌀국수를 좋아하는 딸에게 제가 이야기했던 말을 순서대로 적어 보았습니다. 읽고 있는 동안 아이가 먹고 있는 장면이 자연스럽게 그려지고, 아이가 어떤 행동을 하고 있는지 알 수 있습니다. 아이의 언어적 수준에 맞추지만, 다양한 문법은 살리며 그리 길지 않은 문장으로 표현합니다. 또 재미있게 의성어와 의태어도 다양하게 사용하여 문장을 표현합니다.

아이가 하고 있는 행동을 그대로 표현해 주는 것은, 아이에게는 사랑하는 엄마 아빠가 나의 행동에 매우 관심이 있고 애정이 깊다는 것을 자연스럽게 알려줍니다. 또 내가 하는 행동이 상대방에게 어떤 메시지를 줄 수 있다는 사실도 알려 주게 됩니다. 아이는 자신이 하는 행동을 엄마의 말을 통해 듣게 되었을 때, 다양한 어휘를 습득하고 문법적 요소들을 배우게 됩니다.

여러 번 반복은 우연학습을 더욱 활발하게 해줍니다. 앞에서 발화한 내용을 분석하면, 최소 2~3어절에서 최대 6~7어절 정도의 길이로 발화했다는 것을 알 수 있습니다. '-이/가, -에/에서, -고, -로/으로, -서, -에는, -은데, -ㄹ게, -있, -었, -도, -려고, -ㄹ거, -면' 등의 다양한 문법 형태소도 자연스럽게 사용했습니다.

또 어휘를 살펴보면 명사 14개 '우리, 쌀국수, 식탁, 이번, 숟가락, 포크, 젓가락, 손, 국물, 고기, 맛, 그릇, 최고, 물티슈'를 표현했고, 동사 14개 '앉다, 먹다, 담다, 하다, 떨어지다, 줍다, 있다, 뱉다, 마시다, 불다, 주다, 나누다, 알다, 닦다'를 표현했습니다. 또 형용사 10개 '싶다, 길다, 어떻다, 질기다, 뜨겁다, 맛있다, 맛나다, 대단하다, 멋지다, 배부르다'를 표현했으며, 부사 6개 '잘, 그래도, 엄청, 열심히, 정말(로), 많이', 감탄사 6개 '아구?, 캬~!, 우와~!, 에잉?, 와!, 아유~!'를 표현했고, 의성어 의태어 6개 '냠냠냠, 음음음, 호로록, 퉤, 꿀꺽, 후~'를 표현했습니다.

쌀국수를 먹는 짧은 시간이지만 아이에게 다양한 문법 형태소를 들려주었고, 명사, 동사, 형용사, 부사, 감탄사, 의성어와 의태어 등 어휘도 골고루 다양하게 제시했습니다.

우리가 사용하는 문장에서 어휘 선택이 다양한지가 중요한데, 그 지표를 바로 '어휘다양도'라고 부를 수 있습니다. 엄마 혼자 아이에게 발화하는 것이지만, 다양한 어휘를 선택하여 들려줄 필요가 있습니다. 또한 아이의 흥미를 유발하도록 감탄사와 의성어와 의태어를 적절히 섞어가며 재미있게 이야기 해 주는 것이 관건입니다.

장면 2)

아이와 놀이터에 갔습니다. 놀이터에는 많은 아이가 놀고 있습니다. 아이에게 놀이터 풍경을 이야기해 주는 상황입니다.

"놀이터에 친구들이 많다."

"언니랑 오빠가 그네 타고 있네."

"친구가 그네 타려고 기다리고 있어."

"모두모두 차례차례 타야 해."

"우와~ 저기 좀 봐! 친구가 미끄럼틀 탔어."

"미끄럼틀 계단 올라가서 쭈~욱 내려와."

"계단에 올라가~ 올라가~ 앉아서 내려와."

"미끄럼틀 아래에 서 있으면 위험해."

"친구가 신나게 쿵쿵 뛰고 있네."

"시소를 쿵덕~ 쿵덕~ 탄다."

"시소가 위로 아래로 위로 아래로 움직여."

"형이 구름사다리에 올라간다."

"누나가 혼자서 엄청 잘 올라간다."

"밧줄을 잡고 영차! 영차! 올라갔다."

"회전그네가 빙글 빙글 돌아가네."

"아기는 높은 미끄럼틀 무서운가 봐!"

"오빠가 자전거를 타고 있네."

아이의 행동과 시선을 읽어 주기

아이에게 놀이터에서 일어나는 일을 이야기해 주면서 아이의 흥미를 이끌 수 있습니다. 또래 친구들의 행동을 말로 이야기 해주면서, 아이에게도 비슷한 것을 해 볼지를 물어보고 대답을 유도할 수 있습니다. 또한 위험한 행동이나 하면 안 되는 행동들을 함께 보면서 알려줄 수 있어 아이에게 인식시키기 효과적입니다.

놀이터에 흥미를 느끼지 않는 아이는 별로 없을 것입니다. 놀이터는 또래 친구들이 노는 모습을 보기에도, 직접 재미를 느끼며 신체적 활동을 하기에 좋습니다. 기회가 된다면 다른 친구에게 이야기를 할 수 있는 최적의 장소입니다.

아이를 둘러싼 모든 환경을 엄마 아빠는 말로 읽어 주는 해설자가 되어야 합니다. 비단 놀이터뿐만이 아닙니다. 아이와 함께 있는 그 어디서라도, 어떤 행동을 하고 있든 아이의 행동과 시선을 따라가며 읽어 주는 것을 지속적으로 해야 합니다.

장면 3) 《엄마 사슴》(바우솔, 2020)**이라는 그림책을 아이와 함께 보고 있습니다. 그림에 표현된 것을 아이에게 이야기해 줄 수 있습니다.**
"텔레비전에 코끼리 가족이 나왔네!"
"코끼리 가족이 물에서 목욕하고 있나 봐."

"어? 아기 사슴이 강을 건너네~"

"허푸허푸 수영해~"

"어!! 악어다! (+정글숲 노래 불러주기)"

"아이 무서워~ 홍학이 푸드드득 날아가~ 악어가 무서운가 봐."

"아기 사슴 잡아먹으려고 악어가 슬금슬금~ 헤엄쳐!"

"엄마 사슴이 악어를 봤어~"

"악어 눈이 번쩍! 아구 무서워~~"

"엄마가 첨벙첨벙 물에 들어가!"

"엄마 사슴이 악어한테 허푸허푸 헤엄쳐서 가~ 아기야! 얼른 도망가!"

"악어가 꽉!! 촤악~~~ 아구구구! 엄마 사슴이 잡혔어. 악어가 엄마 사슴 잡아먹었나 봐."

"엄마 코끼리가 아기 코끼리 눈을 가려. 아구 무서워~ 보면 안 돼. 잉잉잉."

"하늘도 잉잉잉 슬픈가 봐. 투둑투둑 비가 내려~"

"원숭이 가족도 슬퍼. 엉엉엉."

"그런데 아기 사슴은 모르나 봐. 계속 허푸허푸 헤엄쳐서 가."

"어~? 비가 그쳤네, 하늘에 무지개가 떴다! 사슴아~ 얼른 헤엄쳐~"

"아기 사슴이 헤엄쳐서 나왔어. 어~? 우리 엄마 어디 있어요? 엄마~~ 보고 싶어요."

"엄마가 아기 구하려고 악어한테 잡혔어."

"아가는 엄마가 악어한테 잡힌걸 모르나 봐."

"엄마가 아기를 엄청 사랑해."

"아기도 엄마 사랑하는데, 엄마가 없네."

"아가야~ 잘 자라렴!"

아이가 책에 흥미를 보이지 않아도 괜찮다

글자가 아예 없거나, 거의 없는 그림책들은 줄글로 자세히 표현되지 않은 만큼, 그림에 충실하게 아이에게 많은 이야기를 전달할 수 있습니다. 아이가 흥미를 보이지 않을 수도 있고, 두 세장을 한꺼번에 넘겨버릴 수도 있습니다. 그래도 괜찮습니다. 아이의 주도에 따라가 주세요. 넘어간 장면이 있다면 그대로 진행하면서 최대한 아이의 시선을 따라, 흥미있게 의성어와 의태어를 넣어가며 재미있는 문장 표현을 만들어 주세요. 아이가 끝까지 다 보았고 책을 덮었다면, 그 순간 진심을 다하여 아이에게 책을 정말 잘 보았다고 칭찬해 주세요!

언어 자극 놀이법 2

앵무새가 되어 주세요

앵무새는 사람의 말을 따라하는 동물이지요. 앵무새가 되어달라는 뜻은 크게 두 가지입니다.

첫 번째는 우리도 앵무새처럼 우리 아이가 하는 말을 그대로 따라 말해 주어야 한다는 뜻입니다.

두 번째는 반복해 주어야 한다는 뜻입니다. 아이 말을 그대로 모방하고 반복하는 것이 아이에게 강력한 언어 자극이 될 수 있습니다. 아이 말을 그저 단순히 계속 따라하라는 것은 아니지만, 상황에 맞게 앵무새가 되어서 아이의 말을 따라 말해 주세요.

생각해 보면 우리는 아기가 옹알이 산출을 시작했을 때부터 이미 앵무새가 되었습니다. 아기가 '아아, 아으으, 오웅' 등 모음발성을 하면 눈을 맞추고 그대로 따라하며 옹알이 주고받기를 합니다. 아직 발화가 많지 않은 아동이라도, 아예 발성을 하지 않는 것이 아닙니다. 옹알이처럼 어떤 말소리를 발성하기도 하고, 생리적인 발성을 하기도 하고, 웃거나 우는 소리 발성을 하기도 합니다.

아이가 산출하는 어떤 말소리 혹은 생리적 소리라도 때에 따라서는 그대로 모방하며 들었음을 알려 주고, 그 소리가 엄마 아빠에게 어떤 의미를 전달했음을 알려 주어야 합니다. 몇 가지 팁은 다음과 같습니다.

아이의 말을 다양하게 따라 말해줄 수 있는 방법

- 억양 똑같이 모방하기, 다양한 억양과 목소리로 바꾸어 말하기
- 발음 똑같이 모방하기, 정확한 조음으로 다시 따라 말하기
- 문장 똑같이 모방하기, 문법적·의미적으로 확장하여 다시 말하기
- 의문형으로도 따라 말하기
- 샌드위치 기법으로 따라 말하기

아이의 발성 및 발화를 그대로 따라 말하고, 억양을 다양하게 들

려줍니다. 예를 들면, 노래처럼 운율을 넣어 모방하기, 남녀 목소리처럼 굵기를 조절 하여 모방하기, 속삭임 소리로 모방하기 등 초분절적인 요소를 강조하며 여러 억양으로 따라 말합니다.

아이의 발음이 정확하지 않고 오류를 보였더라도, 아이의 발음 그대로 따라 말하고, 곧바로 정확한 발음으로 다시 한 번 이야기해 줍니다. 아이가 "타따(사탕)"으로 발음했더라도 부모는 그대로 모방한 뒤 다시 "사탕"으로 정확한 발음을 연달아 들려 줍니다. 이때에는 아이의 연령이 3세 이하로 낮을 때만 사용하도록 합니다. 아이가 어느 정도 연령이 있고, 자신의 발음에 오류가 있다는 것을 인지하고 있다면, 오류를 보인 단어를 그대로 다시 모방할 필요는 없습니다.

4세 이상 아이가 조음의 오류를 보이고 있다면 이때에는 아이의 뭉개진 발음 그대로 따라 말하지 않습니다. 아이가 스스로 발음이 어렵다는 의식을 갖지 않게 하기 위함입니다.

아이가 "타따(사탕)"이라고 말했다면 어떤 상황에서 사탕을 표현했는지 살펴보고 문법적으로, 의미적으로 확장하여 완전한 문장형태로 표현해 주면 됩니다. "사탕 먹을거야", "사탕 주세요", "사탕이 좋아" 등 여러 가지 문장의 형태로 확장하여 따라 말해 줍니다. 또한 "사탕?", "사탕 먹어?"처럼 말끝을 올려 질문 형태로 따라 말하기도 합니다.

'샌드위치 기법'이란, 언어를 아이에게 자극할 때 샌드위치 빵과 빵 사이의 내용물처럼 끼워 넣어 발화하는 것을 말합니다. 쉽게 말하자면, 3번의 언어 자극을 주는 것인데, 두 번째의 발화에는 어렵거나, 새로운 것이나, 목표하는 바를 넣어 말해 주는 기법입니다.

샌드위치 기법으로 말하기
"사탕", "사탕 먹을 거야", "사탕"
"사탕", "빨간 사탕 먹어", "사탕"
"사탕!", "사탕?", "사탕!"

다양한 문장 반복으로 언어가 확장된다

아이의 발화가 트이려면 어찌되었든 아이는 말소리를 많이 들어 보아야 합니다. 그래서 엄마 아빠는 해설자가 되어야 하고, 앵무새가 되어야 한다고 말하는 것입니다. 이 샌드위치 기법은 특히 청각 장애가 있는 아이들에게 많이 쓰는 기법인데, 정확하게 듣는 것이 매우 중요하니 반복적으로 들려줄 수밖에 없고, 그 속에서 문법적으로든 의미적으로든 더 확장해 주어야 하기 때문에 매우 효과적입니다.

아이가 "가자"라고 말했다면 어른도 "가자"(아이 말을 그대로 모방), "갈까?/갈 거야?"(질문 형태의 문장 제시), "지금 문 열고 가자"(시간 정보, 문법 및 구문구조 확장 문장 제시) 등 다양한 형태로 아이의 말을 확장할 수 있습니다. 기본적으로 아이가 한 번 이야기했다면, 어른은 세 번 이상으로 언어적 자극을 해 준다고 생각하면 쉽습니다.

실생활에서 우리가 이미 많이 하고 있지만, 글로 표현하니 아이에게 말을 할 때 다양한 규칙을 항상 의식하며 말해야 한다고 느낄 수 있습니다. 천천히 돌이켜 보면 이미 다 하고 있던 것입니다. 우리가 조금만 신경 쓰면 아이에게 무한한 앵무새 해설자가 될 수 있습니다. 앵무새가 한번 익힌 말은 절대 잊지 않고, 무한 반복한다는 것을 잊지 마세요. 우리도 아이에게 많은 말을 이야기할 수 있습니다.

언어 자극 놀이법 3

연극인이 되어 주세요

　아이 앞에서 마음에 없는 것 또는 실제와 다른 감정을 연기하라고 하는 뜻이 아닙니다. 연극인이 되어달라는 말은, 아이와 소통할 때에는 평소보다 조금 더 과장된 표정과 발성으로 표현하라는 뜻입니다. 예를 들어 바람이 불어 방문이 쾅 닫혔을 때, 엄마 아빠는 눈을 조금 더 크게 뜨고, 몸이나 어깨를 과장되게 움츠리면서 말합니다. "엄마야! 아이고 깜짝이야", "방문이 쾅 닫혀서 깜짝 놀랐네", "바람이 불어서 문이 닫혔네" 하며 아이에게 어떤 일 때문에 결과가 발생하였고 그로 인하여 크게 놀랐음을 아이에게 분명히 알려 주어야 합니다.

과장된 리액션은 필수입니다. 다양한 어조로 이야기하고, 다양한 제스처를 사용해야 합니다. 감탄사를 적절한 타이밍에 많이 사용하고, 칭찬할 때는 박수를 크게 치며 함박웃음 지어 보세요. 때로는 소리 내어 깔깔 웃으며 아이와 함께 역동적인 상호작용을 많이 해야 합니다. 다양한 제스처를 함께 사용하며 친밀감, 애착, 사회성을 형성하도록 도와주어야 합니다. 제스처와 행동을 함께 사용하며 표현할 수 있는 말들은 다음과 같습니다.

제스처와 함께 표현할 수 있는 말

이리와 : 손을 앞뒤로 흔들기
안녕/빠이빠이/잘가 : 손을 옆으로 흔들기
주세요 : 양 손바닥을 보이며 모으기, 한 손바닥을 보이며 내밀기
응/네 : 고개를 끄덕이기
아니야/싫어/하지마 : 고개를 가로젓기
노노노 : 검지 손가락만 보이며 옆으로 흔들기
뽀뽀 : 입술을 쭉 내밀기
사랑해 : 양손을 머리 위로 올리기, 손가락 하트 만들기
안아줘 : 팔을 옆으로 벌리기
고마워/감사합니다 : 고개를 내려 인사하기
최고 : 엄지 손가락을 들어 올리기
파이팅 : 손바닥을 함께 부딪히기
삐짐 : 양팔을 반대 팔에 모으기, 고개를 옆으로 올리기
없다 : 손바닥을 펼쳐 보이기, 손을 옆으로 흔들기

> 코~자자 : 두 손바닥을 모으고 얼굴 옆으로 대기, 자는 척 하기
> 박수 : 손뼉치기
> 악수 : 손을 내밀기
> 응가 : 양손을 쥐고 눈을 감으며 힘을 주며 똥 누는 시늉
> 아이 냄새 : 손으로 냄새 휘젓기, 코 막기, 코 찡그리기
> 앗 뜨거워 : 손으로 뜨거운 것 만진 척하기
> 아야아야 : 아픈 곳을 손으로 비비기, 얼굴 찡그리기
> 어흥 : 양손을 펼쳐 앞으로 내밀며 주먹 쥐기
> 악어가 꽉! : 양 손바닥을 악어 입처럼 펼쳤다가 닫기
> 꿀꿀꿀 : 돼지 코 만들기
> 깡충깡충 : 양손 머리 위에 올려 손바닥 접었다 폈다 하며 토끼 귀 만들기
> 끽끽끽 : 손으로 볼 긁기, 볼 빵빵하게 내밀기
> 싹둑싹둑 : 손가락으로 가위질하기 등

또 제스처와 행동을 이야기할 때 빠지지 않는 것이 있습니다. 바로 '율동'이지요. 아이들은 노래를 들으면 흥에 겨워하고 즐거워합니다. 노래 가사를 반복해서 들으면서 언어적 이해도 높아지며, 다양한 운율과 선율을 들으며 오감을 발달시킬 수 있습니다.

희극인, 뮤지컬 배우처럼 멋있게 노래를 부르지 않아도 됩니다. 아이와 상호작용하며 노래를 부를 수 있을 때마다 함께 노래하며 율동을 합니다. 아이가 자연스럽게 '말소리-의미, 말소리-행동'을 연결 지을 수 있고, 수용언어를 높일 수 있습니다. 간단한 율동이나 행동을 하며 아이에게 쉽고 반복적으로 불러줄 수 있는 기본 동요들은 다음과 같습니다.

신나게 상호작용할 수 있는 동요

달팽이 집	비행기
엄마돼지 아기돼지	자전거
곰 세 마리	작은 별
나비야	나처럼 해봐요
코끼리 아저씨	우리 모두 다같이
산토끼	멋쟁이 토마토
아기 염소	씨앗
악어떼	둥근 해가 떴습니다
올챙이와 개구리	아빠 힘내세요
거미가 줄을타고 올라갑니다	머리 어깨 무릎 발
작은 동물원	그대로 멈춰라
병원차와 소방차	호키포키

위에 언급된 동요들은 아주 오래된 기본 동요들입니다. 이 외에도 아이와 함께 재미나게 부를 수 있는 동요를 많이 불러주세요. 항상 신나게 상호작용하는 것이 제일 중요합니다.

동요 속 의성어와 의태어를 한껏 활용해 보세요. 의성어와 의태어를 잘 활용하면 정말 훌륭한 연극인이 될 수 있습니다! 아이 앞에서는 부끄러워하지 마세요. 아이는 엄마 아빠의 얼굴과 몸짓을 보며, 재미난 말소리를 들으며 최고의 흥미를 느낄 수 있습니다. 아이가 아기였던 시절, 한번 빵 터진 것을 반복적으로 해 주던 것이 생각납니다. 아이의 까르르 소리를 들으면 누가 시키지 않아도 계속 웃겨주지요. 정형화되지 않고 즉흥적인, 실제 소리를 모사하는 발성들은 아이의 흥미를 높이는데 더 효과적일 수 있습니다. 성대모사의 달인이 되어보려고 시도해 보세요.

언어 자극 놀이법 4

여행 동반자가 되어 주세요

아이는 여러 가지 직접 또는 간접 경험과 체험을 통해서 세상을 알아갑니다. 사람들 사이의 약속이나 규칙을 배우고, 함께 어울림으로서 사회성을 발달시키고, 여러 감정을 느낄 수 있습니다. 또 다양한 체험이나 경험은 아이의 오감 발달에도 정말 좋은 활동입니다.

주말이 되면 아이를 위해 어디를 갈지, 무엇을 하면 좋을지 계획해 보세요. 아이와 다양한 경험 쌓기을 쌓을 수 있는 다음과 같은 장소들을 추천합니다.

아이와 함께하면 좋은 활동

- 체험 활동 : 딸기 따기, 알밤 줍기 등 다양한 활동을 할 수 있는 농장이나 공방
- 공원 : 집 앞 공원, 지역 내 중대형 공원, 하천 공원 및 한강 공원 등
- 산 : 집 근처 걷기 좋은 작은 동산부터 차량으로 올라갈 수 있는 산
- 바다 : 당일치기 가능한 가까운 바다, 펜션, 글램핑, 호텔 등 숙박을 함께하는 먼 바다
- 실내 놀이터 : 키즈 카페, 동물 카페, 정원이 넓은 카페, 블록방 등
- 미술관 및 박물관 : 경찰, 자동차, 공룡, 똥, 캐릭터 관련 박물관 등
- 놀이동산 및 동물원, 수족관, 수목원
- 전통 장소 : 왕릉, 궁궐, 민속촌, 한옥 마을 등
- 종교 장소 : 전통 교회, 성당, 절 등
- 겨울 관련 장소 : 눈썰매장, 스키장 등
- 친척 및 친한 지인의 집과 동네
- 각 지역 축제
- 유람선, 크루즈 여행
- 지하철, 기차 여행
- 국내외 비행기 여행

돈이 들지 않는 공원 산책부터 큰돈을 써야 하는 해외여행까지, 아이와 함께 좋은 곳, 새로운 곳을 경험하는 즐거움을 놓치지 마세요. 사실 아이와 함께 외출하는 것은 온 에너지를 고갈시키는 막대한 노동이지요. 하지만 아이와 함께 경험하고 감정을 공유하고 새로운 곳에서 사용할 수 있는 언어 자극의 기회를 놓치지 마세요.

우리 가족만의 여행 책 만들어 보기

아이와 체험하거나 여행할 때 사진과 동영상을 많이 찍어 주세요. 그래서 우리의 여행 책을 만들어 보는 것도 강력하게 추천합니다. 나중에 아이와 추억하며 이야기할 거리로 좋습니다.

여행을 시작할 때, 이동하면서, 식사를 하면서, 활동을 하면서 시간과 장소 및 활동에 따라 사진을 찍어 줍니다. 사진을 찍을 때 아이 얼굴 위주의 사진보다 전체적인 풍경이나 장소가 담길 수 있도록 큰 구도의 사진을 찍어 주는 것도 도움이 됩니다. 그래야 우리가 어디에 있었고, 무엇을 먹었는지 더 자세히 대화할 수 있기 때문입니다.

사진으로 인화한 거창한 여행 책을 만들기보다는, 여행의 과정을 한눈에 알 수 있는 몇 장의 사진을 인쇄해서 책처럼 엮으면, 우리 가족만의 소책자가 완성됩니다. 엄마 아빠는 여행 가이드, 동반자, 사진가, 편집자 등 다양한 역할을 수행해 주어야 합니다.

언어 자극 놀이법 5

토론자가 되어 주세요

아이들의 언어가 발달하고 있음을 나타내는 것이 바로 질문입니다. 아기가 처음 질문이란 기능을 배워 '이거 뭐야?'를 끊임없이 물어보듯이, 이후에는 '왜?' 질문과 '어떻게?', '~면?' 질문을 끊임없이 하게 됩니다. 이렇게 질문을 계속하면 우리는 아이에게 점점 더 간단하고 성의 없는 대답을 하게 됩니다. 어떨 때는 '그만 좀 물어봐'라고 표현하기도 하지요.

말이 아직 트이지 않은 아이를 둔 엄마 아빠의 소원은 '그만 좀 물어봐'라고 말하는 날이 왔으면 하는 일 것입니다. 아이의 말이 트였든 트이지 않았든, 발화 양이 많든 적든 떠나서 우리는 토론자가 되어 주어야 합니다. 대화를 즐기는 엄마 아빠가 되어달라는 말입니다. 아이가 질문을 끊임없이 한다면, 정확하고 충분히 알려 주어야 하고, 지나치게 반복적인 질문이라면 반대로 엄마 아빠가 아이에게 똑같이 질문을 해 보면서 아이가 알고 있는 사항인지 확인해 주어야 합니다. 아이는 질문을 하고 대답하는 부모를 통해 새로운 지식을 쌓고, 즐거움을 얻고, 사랑을 확인하고 싶어 합니다.

부모의 대화 장면을 자주 노출해야 한다

만약 아직 아이가 말이 트이지 않았다면, 아이 앞에서 부모가 서로 즐겁고 재미있는 대화, 좋은 분위기 속에서 나누는 대화를 많이 보여 주세요. 아이가 아직 대화하기 어려워하고, 발화 표현이 많지 않다면, 더더욱 아이 앞에서 엄마 아빠의 대화 모습을 많이 보여 주어야 합니다. 이러한 대화 장면의 노출은 아이의 언어 발달에 매우 중요합니다.

말소리는 서로 무엇인가를 주고받고 반응하는 것이라고 알려 주는 것입니다. 그래서 대화의 다양한 의사소통 기능이 있다는 사실을 알려 주어야 합니다. 대화를 할 때에는 다음과 같은 기술들을 사용하거나 고려합니다.

대화의 기술

- '왜/어떻게'

- 원인과 결과

- 해결하기

- 추측하기와 예측하기

- 동의하기/반대하기

- 주장하기/수용하기

- 타협하기

- 경청하기

- 칭찬하기

아이가 학령기가 가까워질수록 이러한 상위 의사소통 기술을 사용할 수 있어야 합니다. 아이의 말이 트일수록 아이와 함께 대화하는 즐거움을 마음껏 즐겨 보세요. 우리 아이가 더더욱 사랑스럽게 느껴질 것입니다.

언어 자극 놀이법 6

칭찬해 주세요

　칭찬은 거대한 고래도 춤추게 만든다고 하지요. 이 세상에서 칭찬을 듣고 기분 나쁠 사람은 없을 것입니다. 칭찬은 상대방의 기분을 좋게 만들고 나의 기분도 좋게 만드는 강력한 기능을 갖고 있습니다. 우리 아이에게도 칭찬을 많이 해 주세요.
　칭찬을 할 때에도 몇 가지를 고려하면 좋습니다.

이렇게 칭찬해 주세요
- 즉각적으로 칭찬 반응하기
- 작은 행동이라도 새롭거나 변화된 행동이라면 반드시 칭찬하기

- 막연한 칭찬보다 자세한 이유를 넣어 칭찬하기
- 칭찬 후 감정에 대해 언급하기
- 칭찬 후 다음에 비슷한 상황에서 보여줄 것을 요구하기
- 결과에 대한 칭찬보다 과정에 대한 칭찬도 아끼지 않기

칭찬이 가장 효과적일 때는 아이가 칭찬 받을 만한 행동을 한 직후입니다. 칭찬은 즉각적으로 해 주어야 한다는 것입니다. 약간 시간이 지연된 후 칭찬하면, 아이는 왜 칭찬을 받는지 이해가 되지 않을 수 있습니다.

잘한 행동이나 좋은 행동을 하고 난 직후에 바로 칭찬을 제공해야 아이에게 그 행동이 강화될 수 있습니다. 그러면 다음에도 비슷한 행동을 하려고 노력하고, 반복적으로 해 보려고 합니다. 또 이전에는 못했던 행동이나 말을 했을 때는 칭찬을 아끼지 말아야 합니다. 그야말로 열광적인 칭찬을 해 주어 새로운 시도를 인정하고 강화해 주어야 합니다.

아이에게 칭찬을 많이 해 달라고 하면, 막연한 칭찬을 많이 하게 됩니다. "너무 잘했어", "멋지다" 등 짧막한 칭찬을 제공한다면 아이는 자신이 왜 칭찬을 받는지 잘 모르거나, 혹은 엄마가 그냥 예의상 하는 말이라는 것으로 인식할 수 있습니다. 아이에게 칭찬을 하는 자세한 이유를 언급해야 합니다.

칭찬은 곧 긍정적인 감정을 불러일으킵니다. 아이에게 다양한 긍정적 감정어휘를 가르칠 수 있습니다. 칭찬을 받으면 아이는 우선 기분이 좋고 신이 납니다. 뿌듯함을 느끼고 자기 자신에 대한 만족감을 느낄 수 있습니다. 칭찬 받은 것을 누군가에게 더 자랑하고 싶어 합니다.

자기 효능감과 인내심을 기르는 칭찬

아이의 자기 효능감을 높이는 최고의 방법은 적절하고 즉각적인 칭찬을 제공하는 것입니다. 여러 가지 긍정적 감정을 아이에게 언급해 주는 것이 좋습니다. "우리 ㅇㅇ이가 스스로 옷을 입었어! 정말 대단해! 스스로 옷을 입어서 정말 뿌듯해, 최고야!"라고 아이가 스스로 해낸 것은 작은 것이라도 칭찬해야 합니다. 아이의 긍정적 행동이 칭찬을 불러일으켰고, 그 칭찬이 아이가 좋은 행동을 지속하게 만들어 줍니다. "다음에도 ㅇㅇ이가 스스로 옷 입어보자!" 하며 아이에게 다음의 옷 입는 상황에서 또 칭찬을 받을 것을 예상하게 해 줍니다.

또한 결과보다는 어떤 것을 하려고 노력했을 때 그 과정에 대해서도 따뜻한 칭찬을 해 주어야 합니다. 스스로 하고 싶어 시작했어도 아이는 스스로 잘 되지 않으면 이내 쉽게 짜증을 냅니다. 아이의 마음과 같지 않게 손과 마음이 따로 움직여도 엄마 아빠는 끊임없이 격려하고, 칭찬해야 합니다. 설령 짜증을 냈더라도 노력을 했음에 칭찬을 제공하고, 아이가 스스로 완성할 수 있도록 절반정도 도와준 후 다시 해 볼 것을 권유하거나, 끝은 아이가 완성할 수 있도록 도와주어야 합니다. 아이가 포기하지 않고 끝까지 무엇인가를 하는 그 기회가 가장 중요합니다.

아이에게 항상 응원과 격려, 지지를 아끼지 마세요. 부모가 칭찬에 인색하다면, 아이의 무한한 성장을 퇴보시킬 수 있습니다. 평소에 칭찬하는 것에 익숙하지 않다면, 엄마 아빠 스스로를 칭찬해 보는 것도 좋습니다.

아이에 대한 걱정과 고민, 후회, 자책을 하거나, 또 성인이 된 이후에 누군가에게 아낌없이 칭찬을 받아본 적이 별로 없을 수도 있습니다. 엄마 아빠 스스로, '이런 건 내가 정말 잘 하는구나!' 하고 자기 자신을 칭찬해 보세요. 또한 나 못지않게 혹은 나보다 더 고군분투하는 배우자를 향해 칭찬해 보세요. 칭찬은 정말 누구라도 춤추게 합니다. 싸우지 않는 부모, 다정한 부모의 모습을 보여주기 위해서는 서로 칭찬하는 분위기를 만들어야 합니다.

저도 육아를 하다 보면 서로를 칭찬하기보다는, 아쉬운 점을 이야기하며 요구하는 것이 많습니다. 그래도 아이 앞에서는 서로를 칭찬하고, 서로 대화를 많이 하는 모습, 아끼고 사랑하는 모습을 보여주기 위해 노력하려 합니다. 저도 남편도 아이를 위해 나름대로 애를 쓰며 살아가고 있으니 서로 더 칭찬해야지요.

그리고 이 책을 여기까지 읽고 있는 여러분! 정말 너무 멋지고 대단하게 느껴집니다! 최고입니다!

언어 자극 놀이법 7

아이를 믿어 주세요

　아이가 가진 가능성과 잠재력을 믿어 주세요. 아이는 오늘도 자기만의 속도로 자라나고 있습니다. 어제보다 오늘이, 오늘보다 내일 더 발달하는 우리 아이를 믿고, 옆에서 열심히 도와주세요. 부모가 아이에게 무한한 관심과 사랑을 주고 있다고 느끼면 아이도 편안함을 느낄 수 있습니다.

　엄마 아빠의 마음이 편안하면 아이도 편안하고, 엄마 아빠가 즐겁고 행복하면 아이도 즐겁고 행복합니다. 아이가 부모의 불안을 먹고 자라지 않게, 서로의 신뢰를 먹고 자라게 도와주세요.

아이의 성장 노트 기록하기

아이에 대해 걱정과 고민만 생각하게 되고, 마음이 답답하다면 성장 노트를 적어보는 것을 추천합니다. 반드시 공책이 아니더라도 휴대폰의 메모장에라도, 아이가 새롭게 배웠던 행동, 언어 이해나 표현을 적어 기록해 봅니다. 짧게라도 아이가 새로 습득한 것을 하루 이틀 메모하고 그것이 쌓이면, 어느새 우리 아이가 성장하고 자라는 것을 느낄 수 있습니다.

아이가 새롭게 배운 것이 없다 느껴져도, 짧은 일기처럼 그날 있었던 사건이나 기억에 남는 활동을 적어보는 것도 좋습니다. 기록하다 보면 아이에게 칭찬해 줄 일들이 무엇인지 더 명확해지고, 앞으로 해 줘야 할 것들이 무엇이 있을지 번뜩 생각나기도 합니다.

무엇인가를 꾸준하게 한다는 것은 결코 쉽지 않은 일이지만, 나와 아이에게 도움이 되는 일이라면 일단 해 보는 것이 좋지 않을까요? 엄마 아빠는 아이를 위해서 무엇이든 할 수 있습니다. 아이도 엄마 아빠를 위해, 또 자신을 위해 충분히 성장할 수 있습니다.

사랑하는 내 아이를 꼭 믿어 주세요.

에필로그

언어재활사로서
15년의 자취를
돌아보며

저는 평범한 월급쟁이 언어재활사였습니다. 하루하루 육아 전쟁을 치루며 평범하게 살아가는 워킹맘일 뿐입니다. 그런 제가 정말 감사하게도 출판을 하게 되었습니다.

처음에는 내가 쓰는 것이 맞을까 고민했습니다. 글을 집필하기 전, 출판사로부터 이 책의 기획 의도를 들었습니다. 현재 아이들을 키우고 있는 엄마 아빠의 언어적 고민을 상세하게 다루고, 실생활에서 도움을 줄 수 있는 언어 자극법을 소개해 독자에게 도움을 주었으면 좋겠다고 했습니다. 그 순간, 아, 내가 그래도 이 부분에서는 할 말이 많이 있겠구나 싶었습니다.

이 책을 집필할 당시, 늦은 나이에 다시 시작한 공부와 대학교 졸업 직전부터 14년을 다녔던 첫 직장을 떠나 새로운 곳에서의 시작과 적응, 사랑스러운 딸 예담이의 육아까지 눈코 뜰 새 없었던 시기였습니다. 저에게는 책 출간이라는 큰 도전이었고, '시간이 없다'라는 말을 입에 달고 살았던 시기였습니다.

아쉬움도 많이 남은 첫 집필이지만, 제가 가진 모든 것을 책에 담아보려고 노력했습니다. 언어재활사로 일하며 있었던 일들과 노하우, 아이를 키우며 느꼈던 일들과 그동안 많이 힘들었을 부모님의 마음을 담아내려고 했습니다. 책을 쓰는 동안, 아이들의 발달에 좋은 여러 활동과 경험을 정작 딸에게는 바쁘다는 핑계로, 잘 자라고 있다는 생각으로 함께해 주지 못한 것을 많이 반성하기도 했습니다. 또한 저와 지금까지 만났거나, 현재 만나고 있는 아이들과 부모님들에 대해 많이 생각했습니다. 내가 참 잘 가르친다는 생각보다, 많이 부족하고 아쉬웠던 것이 더 많이 생각나기도 했습니다.

초보 언어재활사들은 "제가 많이 부족한 것 같고, 저는 언어재활사 직업이랑 맞지 않는 것 같아요"라는 말을 많이 합니다. 저도 15년 넘게 쉬지 않고 일했지만, 지금도 많이 부족한 것 같습니다. 그래도 늘 안주하지 않으려고 합니다. 슬럼프가 자주 오고, 여느 직장인들처럼 '다른 일을 해볼까'라는 말을 입에 달고 살지만, 여전히 저는 하루하루 열심히 사는 언어재활사입니다. 이 책을 통하여, 고민이 많은 엄마 아빠에게 작은 도움이라도 될 수 있다면 좋겠습니다. 또, 많은 고민과 갈등을 하는 초임 언어재활사들에게도 작은 나침반이 되었으면 좋겠습니다. 제 따뜻한 마음이 조금이라도 엄마 아빠에게 전해지기를 바랍니다. 아이를 사랑하고 노력하고 행복하게 해 주려는 마음을 담아 책을 출간합니다. 책이 나오기까지 도와주신 모든 분과 사랑하는 가족에게 정말 감사드립니다.

부모의 조급함과 아이의 답답함을 없애는 언어 육아
말이 느린 아이 말문을 여는 법

ⓒ 김혜승 2022

1판 1쇄 2022년 1월 27일
1판 2쇄 2022년 10월 27일

지은이 김혜승
펴낸이 유경민 노종한
기획편집 유노라이프 권순범 구혜진 **유노북스** 이현정 조혜진 권혜지 정현석 **유노책주** 김세민 이지윤
기획마케팅 1팀 우현권 이상운 **2팀** 이선영 최예은 전예원
디자인 남다희 홍진기 허정수
기획관리 차은영
펴낸곳 유노콘텐츠그룹 주식회사
법인등록번호 110111-8138128
주소 서울시 마포구 월드컵로20길 5, 4층
전화 02-323-7763 **팩스** 02-323-7764 **이메일** info@uknowbooks.com

ISBN 979-11-91104-30-1 (13590)

- — 책값은 책 뒤표지에 있습니다.
- — 잘못된 책은 구입한 곳에서 환불 또는 교환하실 수 있습니다.
- — 유노북스, 유노라이프, 유노책주는 유노콘텐츠그룹의 출판 브랜드입니다.